Hrsg. Christoph Imber

378 DINGE DIE MAN ÜBER REMSCHEID WISSEN MUSS

DAS BUCH:

Bewegend, beeindruckend, bestürzend, bekloppt – das ist die Geschichte der Stadt Remscheid. Der nicht ganz freiwillig in Remscheid gestrandete Rolf Steinberger begibt sich bei der Suche nach „378 Dingen, die man über Remscheid wissen muss" auf eine spannende Reise quer durch die Seestadt auf dem Berge. Er trifft auf Brasseldiere, Hergelu'opene, Knösterer und seine große Liebe. Ein Buch voll von lesens- und liebenswerten Geschichten über die Werkzeugstadt Remscheid, zusammengetragen von Christoph Imber, der mit seiner Agentur 378meter nichts unversucht lässt, um zu zeigen, was unser Remscheid alles zu bieten hat. Wilhelm Conrad Röntgen gefällt das!

IMPRESSUM:

Alle Nutzungsrechte dieser Ausgabe bei
JUHR Verlag, Daniel Juhr, Waldweg 34a, 51688 Wipperfürth, www.juhrverlag.de

Lektora, Satz und Korrektorat: Daniel Juhr

Covergestaltung: Christoph Imber

Druck: GGP Media GmbH, Pößneck. Printed in Germany.

ISBN: 978-3-942625-34-0

Inhalt

Vorwort

Es beginnt mit einem leichten Tröpfeln. Es kommt mir vor, als wäre es weit entfernt. Ich lausche genussvoll den ruhigen und gleichmäßigen Tönen im Hintergrund und wage es nicht, bei dem Dröhnen in meinem Kopf die Augen zu öffnen. Doch das Geräusch wird zunehmend lauter und bedrohlicher. Aus dem anfänglichen Plätschern ist ein prasselnder Wasserfall geworden, der mir mitten ins Gesicht schwappt und mich unsanft aus meinen noch gerstensaftgetränkten Träumen reißt.

Da bin ich nun also. Verkatert und nass, angekommen in meinem neuen Leben, meiner kleinen Dachgeschosswohnung mitten in einer der regenreichsten Städte Deutschlands. Das hat mir zumindest die Dame im Bürgerbüro gleich mal mit auf den Weg gegeben. Ich habe mir notdürftig aus zwei Europaletten, die mir die Vormieter im Keller hinterlassen haben, und meiner alten Matratze einen Schlafplatz gestapelt. Vom ersten Schock erholt, wische ich mir das Wasser aus dem Gesicht und nehme mir vor, das Dachfenster ab sofort nachts zu schließen.

Remscheid

Gefeuert! Aufgrund betriebswirtschaftlicher Gründe, wie es der neue Chefredakteur formulierte, musste ich meine journalistische Karriere bei einer Lokalzeitung nach vielen Jahren aufgeben. Jetzt fühlte ich mich einsam und verloren, mal wieder an einem Wendepunkt. Doch aufgeben ist nicht mein Ding, und so kam mir die Idee mit dem Dartpfeil. Es musste aus irgendeinem dieser Trashfilme in meiner DVD-Sammlung stammen. Ich warf also einen Dartpfeil auf die noch zu Schulzeiten entwendete Weltkarte, um am Ort des Treffers ein neues Leben zu beginnen. Irgendwo auf der Welt von vorne anfangen. Mein ganz persönliches Bull's Eye, das neue Leben des Rolf Steinberger. Ich träumte von freilebenden Löwen, alpinen Höhen und endlosen Urwäldern. Doch der Pfeil landete nicht etwa irgendwo auf entfernten Kontinenten, sondern schlug ziemlich genau in der Mitte Deutschlands ein. Remscheid? Wo ist das denn? Da musste ich erst mal ins Internet schauen, um ein bisschen was über mein neues Zuhause zu recherchieren.

1. Remscheid

Remscheid ist die kleinste kreisfreie Großstadt Nordrhein-Westfalens. Durch die Eingemeindung der Stadtteile Lennep und Lüttringhausen zählte Remscheid im Jahr 1929 über 100.000 Einwohner und wurde nach Wuppertal, Solingen und Leverkusen die viertgrößte Stadt des Bergischen Landes. Seit den 1880er Jahren trägt Remscheid bereits den Zweitnamen „Seestadt auf dem Berge". Dies führt zurück auf die weitreichenden Handelsbeziehungen der Metall- und Werkzeugindustrie nach Übersee. Das Stadtgebiet Remscheids besteht auf 74,52 Quadratkilometern aus vier Stadtbezirken: Alt-Remscheid, Lennep, Lüttringhausen und Remscheid-Süd.

Hm. Hätte wohl besser kommen können. Aber auch schlechter. Ich machte mich also auf den Weg nach Remscheid. Und landete gleich am ersten Abend an der Theke einer hübschen Kneipe in der Hindenburgstraße. In Bruchteilen erhalte ich so langsam wieder meine Erinnerung an diesen ersten Abend zurück. Ich wollte mein neues Quartier etwas näher unter die Lupe nehmen, das Umfeld erkunden und frische Luft schnappen. Irgendwie muss ich mir wohl gedacht haben, dort am meisten über mein neues Zuhause erfahren zu können. Erlebnisbar oder so hieß der Laden. Ach, guck, da liegt ja noch der Flyer auf dem Boden:

2. ErlebBar

Die ErlebBar in der Remscheider Hindenburgstraße wurde 2015 eröffnet und ist als Café und Bar ein Treffpunkt mit Remscheid-Flair im Herzen Alt-Remscheids. Die Gäste können sich in der modernen und gemütlichen Atmosphäre inspirieren lassen und besondere regionale Getränke und Snacks genießen. Spezialitäten, wie der in Remscheid geröstete Kaffee, bergische Waffeln, Kottenbutter und Remscheider Bier kommen bei den Gästen gut an. Mit zahlreichen Veranstaltungen, wie einem wöchentlichen Bingo-Abend, wird in der ErlebBar immer wieder Tradition mit Moderne und einer guten Portion Heimatgefühl verbunden.

Tja waren es jetzt acht oder neun Bierchen? Ich weiß es nicht mehr genau. Aber es schmeckte, dieses in Remscheid gebraute Bier, das mir der Wirt da servierte. Mein eigentliches Ziel, mit meinem Charme aus alten Tagen die hübscheste Frau zu erobern und eine Nacht in ihrem zweifelsohne luxuriöseren Appartement zu verbringen, verlor ich an der Theke dagegen mal wieder aus den Augen. Ich weiß auch nicht mehr den Namen des älteren Herrn, den ich stattdessen dort traf, aber auf meine Frage, was man denn in Remscheid unternehmen könne, winkte er mit einem lauten Lachen ab. „Dat kannste vergessen, Rolf, hier ist der Hund begraben. Früher war dat toll hier, aber mittlerweile werden bei uns in Remscheid die Bürgersteige pünktlich um sechs hochgeklappt. Tote Hose." Ein, zwei fragwürdige Gestalten nickten zustimmend. Doch der junge Wirt widersprach eifrig. „Remscheid hat doch eine Menge zu bieten! Vielleicht nicht so wie Köln oder Düsseldorf, aber es gibt viel zu entdecken. Tolle Natur, viele Veranstaltungen, schöne Restaurants und Kneipen." Na, das ist ja ein Optimist, dachte ich mir, der will bestimmt nur sein Gebrautes loswerden. Was ihm definitiv gelang. Beim Blick auf meine Anziehsachen, die ich nachts noch in tänzelndem Schritt quer durch den leeren Flur verteilt haben musste, kommt plötzlich meine Erinnerung zurück – als ich das Remscheid

T-Shirt sehe, dass ich mir voller Begeisterung in der Kneipe kaufte. Oh Gott, das habe ich ja ganz vergessen. Es muss schon etwas später am Abend gewesen sein, als ich mit dem Wirt eine Wette einging, die ich bei näherer Betrachtung eigentlich nur verlieren kann. Beim Weg ins Bad finde ich in meiner schwarzen Motorradjacke das entsprechende Schriftstück:

Hiermit gehe ich, Rolf Steinberger (42 Jahre alt, wohnhaft in der Brüderstraße, Alt-Remscheid) folgende Vereinbarung ein: Ich schaffe es, innerhalb von vier Wochen 378 (in Worten: dreihundertachtundsiebzig) Dinge zu finden, die man über Remscheid wissen muss, und diese zu Papier zu bringen. Im Fall eines Gewinns wird diese Sammlung in einem Buch im JUHR Verlag veröffentlicht und Rolf Steinberger bei der Agentur 378meter als Mitarbeiter auf Lebenszeit beschäftigt.

Oh Mann: Ich wette ja des Öfteren mal um ein Bier oder ein paar Euro, aber so eine Wette habe ich in meinem Leben noch nicht abgeschlossen. Ich erinnere mich wieder, wie man mich an der Theke beklatschte, mir alle zujubelten und ich schließlich Korn auf Korn spendiert bekam.

Rolf Steinberger packt das, Rolf Steinberger hat es drauf. Wenn nicht Rolf Steinberger, wer dann? Das sage ich mir unter der Dusche immer und immer wieder auf. Auch wenn ich in diesem Kuhdorf wirklich nicht alt werden möchte, den Arbeitsplatz in dieser Bar könnte ich in der Tat erst mal ganz gut gebrauchen. Und ein eigenes Buch? Das könnte der Start einer großen Karriere werden! Wie ein neuer Mensch komme ich aus der Dusche und beginne gleich mit meiner Recherche.

3. 378 Meter

Der höchste Punkt Remscheids befindet sich auf dem Brodtberg am Hohenhagen auf 378,86 Metern im Stadtteil Remscheid-Süd. Er ist keine besonders große Erhebung, der nebengelegene Stadtteil Lennep liegt bereits auf 370 Metern Höhe. Trotzdem ist der Remscheider Brodtberg im Regierungsbezirk Düsseldorf die höchste Erhebung. Im Panorama der Stadt lässt er sich leicht durch den 70 Meter hohen Fernmeldeturm identifizieren.

Jetzt weiß ich auch, wie der Wirt auf die Zahl 378 gekommen ist. Ich hatte mich schon die ganze Zeit gefragt, was das denn nun wieder soll. Da scheint doch eine clevere Marketingidee hinter zu stecken.

Nun gilt es für mich wohl den Brodtberg zu besiegen. Auch wenn ich von Reinhold Messner gelernt habe, dass „das Gipfelglück nur ein Wunsch der Untengebliebenen ist", so will ich es mir doch beweisen. Ich will den Berg erklimmen, nassgeschwitzt, aber voller Erfahrungen auf dem Gipfel eine Flagge hissen und Remscheid erobern. Und damit beginne ich genau jetzt. Also genau genommen nach dem Frühstück.

4. Die Perle des Bergischen Landes

Wo die Straße so bucklig, bergauf und bergab. Wo es regnet tagtäglich und das nicht zu knapp. Wo der Sturmwind dem Wanderer den Regenschirm knickt. Wo man selten am Himmel die Sonne erblickt. Da liegt eine Stadt, die ist Remscheid genannt. Und das ist die Perle im Bergischen Land.

Das Gedicht wurde von Walter Sträter verfasst und bringt wohl das auf den Punkt, was viele Remscheider über ihre Heimatstadt denken. Selbst Goethe schrieb 1774 bei einem Ritt von Düsseldorf ins Bergische Land über die betriebsame Gegend. Sie biete einen beruhigenden Anblick, „weil das Nützliche hier aus Ordnung und Reinlichkeit hervortritt".

5. Urzeit Remscheids

Vor etwa 400 Millionen Jahren, im Zeitalter des Devons, lag auf der nördlichen Erdkugel der Urkontinent Laurussia und im Süden Gondwana. Das Gebiet Remscheids lag südlich des Äquators und auf dem Grund eines tropischen Meeres. Im Bergischen Land wurden zahlreiche Fossilien von Amoniten, Seeskorpionen und Panzerfischen gefunden.

Vor etwa 300 Millionen Jahren schoben sich die Kontinente zusammen. Als diese kollidierten, entstand der Großkontinent Pangea und das heutige Rheinische Schiefergebirge wurde aufgefaltet. Das Meer verschwand, und es herrschten wüstenähnliche Bedingungen. Der Meeresspiegel variierte je nach Temperatur, vor etwa 95 Millionen Jahren verlief die Küste ungefähr durch Wuppertal. In der Eiszeit jedoch war der Meeresspiegel viel tiefer und Gletscher schoben sich bis nach Düsseldorf. Die Kältesteppe wurde von Mammuten, Höhlenlöwen und Hyänen bevölkert. Und irgendwann auch vom Frühmenschen.

Vor etwa 40.000 Jahren lebte der berühmte Neandertaler nur 30 Kilometer von Remscheid entfernt. Am Ende der letzten Eiszeit, vor rund 10.000 Jahren, bekam die Landschaft das Gesicht, welches wir heute kennen.

6. Entstehung des Bergischen Landes

Der Sage nach reiste Graf Adolf II. mit seinem Gefolge durch das heutige Bergische Land und suchte einen geeigneten Standort um eine Burg zu erbauen. Der Platz musste gut geschützt liegen, aber gleichzeitig einen Aussichtspunkt bieten, um herannahende Feinde zu sichten. Eine Versorgung mit Wasser musste auch gesichert sein. So ritten sie durch das Land und fanden keinen geeigneten Ort. Als sie schon aufgeben wollten, scheute das Pferd des Grafen. Auf dem Weg waren Kröten unterwegs, die einen Hinweis auf eine Wasserstelle lieferten. Der Standort, den er so fand, erwies sich als außerordentlich gut, und so errichtete er an dieser Stelle seine neue Burg, bekannt als „Schloss Burg".

7. Remscheider Sturköpfe

Grimmige Gesichter, selten mal ein freundliches „Hallo" – so seien die Remscheider Sturköpfe, sagt man. Auch das stete „Meckern und Motzen" wird ihnen angehängt. Nur gibt das ein echter Remscheider natürlich nicht zu, er ist schließlich Sturkopf durch und durch. Mancherorts wird behauptet, dass die „Bergischen" einst von Hexen verpönt wurden, da sie nichts mit anderen zu tun haben wollten. Dies geht wohl auf die „ollen Remscheder" zurück. Die heutigen Remscheider sind weltoffener, aber manche Eigenart wird man wohl so schnell nicht wieder los.

8. Der Remscheder sagt wat und dat

Im Bergischen Land gab es die Faustregel, dass in jedem Dorf ein anderer Dialekt gesprochen wird. Ein Sprachwissenschaftler stellte fest, dass man aufgrund der Vielzahl der verschiedenen Dialekte nicht von einem geschlossenen Sprachraum reden könne. Heute sind nicht mehr viele Bürger des „Remscheider Platts" mächtig, auch wenn sich einige Ausrufe in unseren täglichen Sprachgebrauch eingeschlichen haben. „Wat is dat denn?" wird sich wohl so mancher Remscheider beim Anblick dieses Buches gedacht haben. Woll?

9. Remscheider Platt

Sprachwissenschaftlich gehört die Remscheider Mundart, das Remscheider Platt, zu den niederbergischen Mundarten, wie sie auch im Kreis Mettmann und Solingen gesprochen werden. Eine konkrete Grammatik ist nicht bekannt. Die Sprache hört sich nicht gerade elegant an, eher langsam und schwerfällig. Durch die derbe Aussprache klingen Drohungen häufig fürchterlich, stellen sich zumeist aber als harmlos heraus. Gerne werden auch falsche Artikel an Substantive gehängt.

10. Bergischer Löwe

Der Bergische Löwe ist das Siegeltier des ehemaligen Herzogtums Berg. Er taucht noch heute auf vielen Wappen bergischer Städte auf. Der aufgerichtete rote Löwe zeichnet sich durch seine blauen Krallen und Zähne sowie seine zwei Schwanzspitzen aus. Auch Remscheid trägt den Löwen im Wappen. Der Löwe auf dem Rathausplatz hat jedoch nichts mit dem typischen Bergischen Löwen zu tun.

Also, wenn das mit dem Buch wirklich klappen sollte, werde ich mal vorschlagen, für das Cover meines Buches den grünen Löwen der Agentur 378meter zu verwenden. Der wirkt auf mich viel jünger und agiler als der alte Bergische Löwe auf dem Wappen. Passt doch perfekt zu mir.

11. Wappen der Stadt Remscheid

Die Stadtfarben von Remscheid sind blau und weiß. Auf dem Stadtwappen sieht man im oberen Teil einen roten Löwen mit zwei Schwanzspitzen, blauen Krallen und blauer Zunge auf weißem Grund. Unten ist eine silberne Sichel auf blauem Untergrund abgebildet. Der Löwe ist das Wappentier der Grafen von Berg, zu dessen Reich Remscheid bis zum Übergang an Preußen gehörte. Die Sichel steht als Symbol für die bedeutende Eisenindustrie der Stadt Remscheid. Das Wappen wurde am 18. Februar 1854 durch die Kabinettsorder des Königs Friedrich Wilhelm IV. von Preußen festgelegt und nach 1929 weitergeführt. Im Jahr 2007 wurde das Stadtwappen auf dem Amtsblatt der Stadt von einer moderneren Variante abgelöst.

Zu sehen ist das Wappen heute unter anderem im Großen Ratssaal des Remscheider Rathauses hinter dem Platz des Oberbürgermeisters. Auf einem Wandbehang sind die Wappen von (Alt-)Remscheid, Lüttringhausen und Lennep abgebildet.

12. Eingemeindung

Die Stadt Remscheid entstand ursprünglich aus einer Vielzahl von verstreuten Wohnplätzen im Bergischen Land. Bis in das 19. Jahrhundert hinein gehörten diese zum Landkreis Lennep. Erst am 1. Januar 1888 wurden etwa einhundert Siedlungen als kreisfreie Stadt Remscheid aus Lennep ausgegliedert.

Die Geschichte drehte sich am 1. August 1929, als das „Gesetz über die kommunale Neugliederung des rheinisch-westfälischen Industriegebietes" in Kraft trat. Dieses vereinigte die drei Städte Remscheid, Lennep und Lüttringhausen zu einer kreisfreien Stadt namens Remscheid. 1975 kam der Ortsteil Bergisch Born hinzu.

Vorangegangen waren massive Proteste und die strikte Ablehnung der Lenneper und Lüttringhauser Bürger. Sie fürchteten um ihre natürlich gewachsenen Ortschaften und ihre funktionierende Wirtschaft. Kundgebungen und Großdemonstrationen wurden organisiert mit Schlachtrufen wie „Remscheid braucht uns nicht und wir wollen nicht!". Trotz der Proteste wurde schließlich bei einer Kampfabstimmung die Eingemeindung beschlossen. Durch einen Gebietszuwachs um hundert Prozent und etwa 25.000 neue Bürger wurde Remscheid als Großstadt anerkannt. Bis heute hält sich das Gerücht, die Entscheidungsfindung sei nicht mit rechten Dingen zugegangen. Angeblich wurden Eingemeindungsgegner während der Abstimmung auf einer Toilette eingeschlossen.

13. Remscheid viergeteilt

Das heutige Stadtgebiet Remscheids besteht aus den vier Stadtbezirken Alt-Remscheid, Lennep, Lüttringhausen und Remscheid-Süd. Alt-Remscheid war zuvor noch unterteilt in die Bezirke Innenstadt, Nord/Hasten und West, sodass es zunächst sechs Stadtbezirke gab. Jeder Bezirk hat seine eigene Vertretung sowie einen Bezirksbürgermeister.

Die Stadtbezirke sind, wie es sich in einer deutschen Großstadt gehört, in Stadtteile und diese wiederum in Wohnplätze unterteilt. Bei den über zweihundert Wohnplätzen handelt es sich größtenteils um historische Bezeichnungen wie etwa Aue, Birgden, Clemenshammer oder Dörpmühle.

14. Wochenmärkte

Die ersten Aufzeichnungen über einen Wochenmarkt in Remscheid stammen aus dem Jahr 1755. Der fand traditionell am „Markt" auf der unteren Alleestraße statt. Lebensmittel, Stoffe, Messer und Krüge konnten erworben und getauscht werden. Einer Preisliste von 1890 nach kosteten damals fünf Pfund Brot 50 Pfennige und ein Pfund Kaffee kostete eine Mark. Recht teuer, wenn man bedenkt, dass ein Arbeiter in einer Woche nur etwa neun Mark verdiente.

Das „Kaufhaus unter freiem Himmel" wuchs jedenfalls stetig an und lockte viele Händler und Kunden nach Remscheid. Bis heute werden unter dem Motto „Frische aus der Region" Wochenmärkte auf dem Theodor-Heuss-Platz, auf der unteren Alleestraße, in Lennep, in Remscheid-Süd auf dem Johann-Vaillant-Platz, in Lüttringhausen an der Kreuzbergstraße und am Hasten auf dem Richard-Lindenberg-Platz angeboten. Seit jeher dient der Wochenmarkt natürlich auch dazu, sich über den neuesten Tratsch in der Stadt auszutauschen.

15. Bevölkerungsentwicklung

Bei einer Volkszählung im Jahr 1987 wurden in Remscheid 120.132 Bürger gezählt, der Zensus hielt im Jahr 2011 insgesamt nur noch 110.708 Remscheider zahlenmäßig fest – Ergebnis einer rückläufigen Entwicklung. Eine Prognose des Landesbetriebs „Information und Technik Nordrhein-Westfalen" errechnete, dass die Einwohnerzahl Remscheids bis 2040 um 7.800 sinken soll, also um minus 7,2 Prozent. Zum Vergleich wird in der Nachbarstadt Solingen mit einem Zuwachs von 0,5 Prozent gerechnet. Die höchste Einwohnerzahl hatte Remscheid übrigens im Jahr 1970 mit fast 140.000 Einwohnern.

16. Altersstruktur

Der Großteil der Remscheider (61,5 Prozent) ist zwischen 18 und 64 Jahren alt. Unter 18 Jahre alt sind 16,1 Prozent und 65 Jahre und älter 22,4 Prozent. Der demographische Wandel lässt sich auch in der Altersstruktur der Remscheider feststellen. Bei einer Erhebung der Geburten zeigt sich, dass im Jahr 1984 noch 1.094 Geburten gezählt wurden, im Jahr 2014 waren es nur noch 943.

Soso: Die Stadt Remscheid ist also dringend gefordert, die Gehwege für die nächste Generation Rollator-Fahrer auszubauen, was? Die

Stadtwerke in Remscheid machen es vor! Wie ich gesehen habe, gibt es in der Wagenhalle regelmäßig eine Rollatorparty. Dort können rüstige Rentner mit Rollator durch einen Parcours flitzen und fiese Stolperfallen überwinden, um in den Bus zu kommen. Gute Idee!

17. Migration, Religion, Wohnsituation

Die Remscheider Bevölkerung ist kulturell sehr vielfältig. Die deutsche Staatsangehörigkeit besaßen im Jahr 2011 rund 86 Prozent aller Bürger. Knapp 30 Prozent der Remscheider haben einen Migrationshintergrund. Der Großteil davon lebt bereits 20 Jahre und länger in der Stadt und wurde früher begrüßt mit den Worten „Fremder, kommst du nach Remscheid, so bringe eine Portion Selbstbewusstsein mit, dazu viel Beharrlichkeit, zünftige Wanderschuhe und einen Regenschirm."

Die meisten Remscheider gehören einer christlichen Religion an. Rund 40 Prozent sind evangelisch und 23 Prozent katholisch. Ebenso leben 40 Prozent aller Remscheider in Singlehaushalten, knapp die Hälfte der Bürger ist wiederum den Bund der Ehe eingegangen – acht Prozent haben ihn wieder aufgekündigt und leben geschieden.

18. Remscheider Wetter

Wohl über kaum etwas wird in der Stadt so oft gesprochen (und geflucht) wie über das Remscheider Wetter. Kein Wunder: Es kann oft kalt und regnerisch sein. Nicht umsonst entstand der alte Spruch „In Remscheid kommt, wer etwas auf sich hält, schon mit dem Regenschirm zur Welt". Rund 15 Regentage pro Monat (also etwa jeder zweite Tag!) machen Remscheid zu einer der regenreichsten Städte des Landes. Auch bei der Sonnenscheindauer liegt Remscheid gemeinsam mit Paderborn mit nur 1510 Stunden im Jahr auf dem letzten Platz unter 80 Großstädten in Deutschland. Im Vergleich kommen Augsburg und München auf 1840 Stunden. Bei der Regenmenge liegt Remscheid mit 1300 Litern pro Quadratmeter tatsächlich auf dem ersten Platz, in Magdeburg sind es zum Vergleich nur 560 Liter im Jahr. In der Gesamtauswertung hat Remscheid daher das schlechteste Klima aller 80 größten Städte Deutschlands. Vielleicht gibt es ja eine Verbindung zwischen dem regenreichen Wetter und der Remscheider Mentalität des Meckerns und Motzens? Nur so eine Vermutung ...

19. Remscheider Wasser

Für irgendwas muss der viele Regen ja gut sein: Das Remscheider (Leitungs-)Wasser gilt als besonders hochwertig und kann frisch aus dem Hahn genutzt werden. Es weist gute Wasserwerte auf, und durch die besondere Qualität schmeckt es auch sehr gut. Das Trinkwasser wird hauptsächlich aus der Dhünntalsperre gewonnen, im Durchschnitt verbraucht eine Person 126 Liter täglich.

Dieses ganze Wasser muss natürlich auch irgendwohin abfließen. Hierfür umfasst das Remscheider Kanalnetz eine Länge von rund 590 Kilometern und wird alle ein bis zwei Jahre mittels Hochdruck-Wasserstrahl grundgereinigt. Dabei fällt auch die Wartung und Reinigung von 14.000 Schächten, 11.500 Sinkkästen, 65 Regenbecken und 34 Pumpstationen an.

Jetzt verstehe ich auch, warum mich mein neuer Nachbar so dämlich angeguckt hat, als ich ihn nach seinem Wasseraufbereiter gefragt habe. Den braucht man in Remscheid ja gar nicht.

20. Wald

Die Stadt ist grün: Das städtische Waldgebiet Remscheids umfasst 2.300 Hektar, also rund ein Drittel des gesamten Stadtgebietes. Bei einer Einwohnerzahl von 111.000 Menschen kommen dabei laut Forstamt etwa 41 Bäume auf jeden Einwohner. Obwohl viele Remscheider von der Natur und den Wäldern schwärmen, sind die Zahlen im bundesweiten Vergleich aber nur durchschnittlich. Seit 2013 bietet das Projekt „Wald 2.0" privaten Investoren und Unternehmen die Möglichkeit, ab einem Mindestbetrag von 500 Euro einen Waldgenossenschaftsanteil zu erwerben und somit ideeller Waldbesitzer zu werden. Der Forstverband übernimmt mit der Stadt Remscheid dabei eine naturgemäße Waldbewirtschaftung und lässt neue Ideen und das Engagement der Anteilseigner einfließen. Das Projekt wurde bereits vor Beginn bei dem „Ideenwettbewerb für Kommunen" von der NRW.Bank prämiert.

21. Stechpalme

Der „Ilex aquifolium", besser bekannt als Stechpalme, ist eine typische Pflanze unserer Wälder. Sie kann viele Jahrhunderte alt werden und wurde früher Hülse genannt. Der Name Hülse findet sich in zahlreichen Straßen- und Familiennamen Remscheids. Weil sie sehr hartes Holz hat, war die Hülse ein sehr begehrtes Holz für Hammerstiele und ähnliches. Das brachte sie einst an den Rand der Ausrottung. Die Früchte der Pflanze sind giftig. Aus einer südamerikanischen Art der Hülse wird der dort beliebte Mate-Tee gewonnen. In Nordamerika werden die Stechpalmenarten übrigens „Holly“ genannt.

22. A1

Remscheid liegt an der drittlängsten Autobahn Deutschlands. Die Bundesautobahn A1 führt über 749 Kilometer Länge von der Ostsee bis nach Saarbrücken und hat jeweils drei Ausfahrten in beide Fahrtrichtungen nach Remscheid. Bereits in den 1920er Jahren wurde mit dem ersten Bauabschnitt begonnen. Wegen des Zweiten Weltkriegs wurde erst später weitergebaut, und im Jahr 1961 konnte man schließlich über die A1 von Remscheid bis nach Dortmund fahren. An dieser Autobahn wurde in Remscheid 1963 übrigens auch die erste Selbstbedienungsraststätte Nordrhein-Westfalens erbaut. Der Bau kostete 1,1 Millionen D-Mark. Der erste Gast war ein Christian Hemmes aus Gütersloh.

23. Deutsche Alleenstraße

In Remscheid gibt es nicht nur die Einkaufsmeile Alleestraße, sondern auch die Deutsche Alleenstraße. Eine Allee ist weit mehr als eine Straße mit vielen Bäumen, sie ist ein einzigartiges Natur- und Kulturgut. Diese zu erhalten, hat sich der Deutsche Alleenstraße e.V. zur Aufgabe gemacht. Die Deutsche Alleenstraße erstreckt sich insgesamt auf 2.900 Kilometern und führt auf der Strecke von Dortmund nach Bad Honnef entlang der Schwelmer Straße und Bergisch Born durch Remscheid.

24. Top 3 Buslinien, um Remscheid zu entdecken

Mit dem Bus hat man die Möglichkeit, eine Stadt in Ruhe zu besichtigen und interessante Plätze zu entdecken. Einige Remscheider Buslinien führen entlang der Highlights der Stadt:

1. Linie 675 Hasten (ab/zu Haltestelle Allee-Center)
Dauer der Fahrt: 35 Minuten
Highlights auf der Strecke: Hindenburgstraße, Hasten
Stationen der Fahrt: Rathaus, Gertrud-Bäumer-Gymnasium, Stadtpark, Richard-Lindenberg-Platz, Rath, Heidhof, Hochstraße

2. Linie 660 Remscheid – Lüttringhausen (ab/zu Haltestelle Friederich-Ebert-Platz)
Dauer der Fahrt: 46 Minuten
Highlights auf der Strecke: Lüttringhausen Rathaus, Haddenbach
Stationen: Hauptbahnhof, Haddenbach, Goldenberg, Lüttringhausen Rathaus (hier umsteigen in Gegenrichtung), Tannenhof, Kranerhof, Markt

3. Remscheid bei Nacht – NE13 (ab/zu Haltestelle Willy-Brandt-Platz, Remscheid Hauptbahnhof)
Dauer der Fahrt: 47 Minuten
Stationen: Markt, Rathaus, Reinshagen, Burger Bahnhof, Ehringhausen, Zentralpunkt, Hohenhagen, Fichtenhöhe

25. Seestadt auf dem Berge

Wer Remscheid kennt, wundert sich vermutlich, dass diese bergische Stadt inmitten von grünen Wäldern den Beinamen „Seestadt auf dem Berge“ trägt. Dieser Name entwickelte sich schon vor Beginn der Industrialisierung und spielte auf die zahlreichen Exportgeschäfte der hiesigen Firmen an. Im 18. Jahrhundert pflegte Remscheid bereits transatlantische Handelsbeziehungen und galt weltweit als „Zentrum der Werkzeugindustrie“. Die in Remscheid produzierten Handwerkzeug, wie Feilen, Sägen, Meißel, Bohrer, Zangen und Hobeleisen wurden mit Schiffen bis nach Südamerika exportiert.

26. Remscheid auf hoher See

Im Laufe der Geschichte wurden zahlreiche Schiffe nach der Stadt Remscheid benannt und bewarben so die Werkzeugstadt auf den Weltmeeren.

Während ein Frachtdampfer der Norddeutschen Lloyd Reederei die Werft in Kiel nie verließ und als Teil der Reparationszahlungen an Frankreich überging, machte sich ein zweiter „Remscheid“-Frachter 1928 auf den Weg von Bremen bis nach Yokohama, Japan. Auch ein U-Boot wurde auf den Namen „Remscheid“ getauft und trug auf dem Turm sogar das Remscheider Stadtwappen. Es wurde zu Kriegseinsätzen genutzt und 1943 versenkt. 1955 folgte dann das Schiff „MS Remscheid“.

27. Hämmer und Kotten

Remscheids Talgründe waren immer sehr wasserreich, vor der Besiedlung gar sumpfig. Für die Wasserkraftnutzung wurden daher Stauteiche angelegt. Zu jedem Schmiedehammer gehörte ein Stauteich, von dem aus man das Wasser auf ein Wasserrad laufen ließ, um so die Kraft für die Schmiedehämmer zu nutzen. Der Nachteil dieser Bauart war der hohe Wasserverbrauch. Da an einem Stauteich bis zu drei Hämmer lagen, leerten sich die Teiche in trockenen Sommern sehr schnell. Wenn dann noch eine wasserbetriebene Mühle am Teich lag, war die Katastrophe perfekt, da Mühlen in der Erntezeit stets Vorrang hatten und den Hämmern kaum Wasser für die Produktion zur Verfügung stand.

Die Werkstätten der Schmieden werden als Kotten bezeichnet. Dies leitet sich von der ursprünglichen Bezeichnung der Hütte von Bauern ab, den Köttern. Nach und nach bezeichnete man zunächst Behausungen mit Werkstatt als Kotten und schließlich die Werkstätten selbst. Unzählige Hämmer befanden sich an den Bächen und Stauteichen Remscheids, jedoch war nicht jeder Hammer gleich. Die älteste Hammerart ist der Schwanzhammer, er ist mit einem Stahlklotz am Hammerkopf ausgestattet und sehr stabil und robust. Der Selfhammer leitet sich vom „Selbsthammer" ab, da dieser ohne jegliche Armkraft ausschließlich durch Wasserkraft betrieben wurde. Ein Breithammer breitete den Stahl aus. Die Eisenhämmer bereiteten Roheisen für die weitere Bearbeitung vor, ähnlich wie die Reckhämmer, die Rohstahl in handelsübliche Stücke zerschlugen. Die Raffinierhämmer bereiteten durch das Schmieden mehrerer Stahlschichten einen besonders biegsamen und haltbaren Stahl vor. Der legendäre Damaszenerstahl wurde bis zu tausendmal gefaltet und geschmiedet.

28. Entstehung der Eisenindustrie

Die Remscheider Eisen- und Werkzeugindustrie reicht bis in das Mittelalter zurück. Begünstigt wurde die Industrieentwicklung durch das Eisenerzaufkommen und die Wälder, die Holz und Holzkohle für die Schmieden lieferten. Schon früh wurde Stahl in Schmelz- und später in Hochöfen geschmolzen und verarbeitet. Als die Rohstoffaufkommen nicht mehr wirtschaftlich waren, beschränkte man sich auf die Veredelung von Roheisen und produzierte Raffinierstahl. Noch bis ins 20. Jahrhundert wurde in Remscheid mit Hämmern und Schleifkotten der Stahl bearbeitet. Später dann mit Dampfmaschinen und mit Elektrizität. Durch die historische Entwicklung sind viele mittelständische Unternehmen der Werkzeugherstellung, die einst an den Hämmern anfingen, noch heute in Remscheid angesiedelt. Einen Vorsprung gegenüber der Konkurrenz weisen Remscheider Unternehmen nach wie vor durch ihre Innovationskraft aus.

Der Streit zwischen Remscheid und Solingen um die älteste Industrie entbrennt immer wieder und geht quasi zurück bis auf „Adam und Eva". Die Solinger Schwertschmiede behaupten, dass das Schwert des Erzengels Gabriel schon den Namen „Solingen" auf der Klinge trug. Die Remscheider halten dagegen und beanspruchen für sich, den Stempel „Solingen" auf das Schwert gesetzt zu haben.

29. Werkzeugindustrie heute

Bis heute sind zahlreiche weltweit erfolgreiche Werkzeugunternehmen in Remscheid beheimatet, wie die GEDORE Werkzeugfabrik, das Hazet-Werk Hermann Zerver, „Kirschen Werkzeuge" der Wilhelm Schmitt Comp., August Blecher sowie Bollmann Grip. Vertreten werden sie vom Deutschen Fachverband der Werkzeugindustrie, der seinen Sitz ebenfalls in Remscheid hat. Die Forschungsgemeinschaft Werkzeuge und Werkstoffe e.V. (FGW) in Remscheid fungiert als Schnittstelle zwischen der universitären Forschung und dem anwendungsorientierten Bedarf der Werkzeug-, Schneidwaren- und Besteckindustrie. Seit über 50 Jahren werden dort nicht nur neue Werkzeuge entwickelt, das Institut prüft auch Produkte und vergibt das weltweit bekannte „GS-Gütesiegel", das man auf vielen Produkten sieht.

30. Unternehmensstandort

Die Metall- und Werkzeugindustrie machte Remscheid als Produktionsstandort weltbekannt. Heute sind noch 44 Prozent der Betriebe im produzierenden Gewerbe tätig, 56 Prozent im Dienstleistungssektor. Viele bekannte Großunternehmen, aber auch kleinere, spezialisierte Firmen haben sich in Remscheid niedergelassen und ergeben das Bild eines innovativen und erfolgreichen Wirtschaftsstandortes. Ende 2014 wurden fast 6.000 Unternehmen verschiedenster Rechtsformen in Remscheid gezählt mit einer Exportquote von 53 Prozent.

31. Arbeitgeberverband

Im Jahr 1890 gründete sich in Remscheid der Bergische Fabrikantenverein, der als Grundstein des heutigen „Arbeitgeberverbandes der Eisen- und Metallindustrie von Remscheid und

Umgebung e.V." gilt. Dieser gründete 1919 gemeinsam mit der Bergischen Industrie- und Handelskammer eine Gemeinschaftslehrwerkstatt, das heutige Berufsbildungszentrum (BZI), das Betriebsarztzentrum in Remscheid und die Arbeit Remscheid gGmbH. Heute ist der Arbeitgeberverband ein Zusammenschluss zahlreicher Industrieunternehmen aus Remscheid und Umgebung, die überwiegend in der Eisen- und Elektroindustrie tätig sind. Gemeinsam werden die Interessen der Mitglieder gewahrt und gefördert, die Arbeitsbedingungen geregelt, die Erhaltung der Arbeitszufriedenheit und ein solidarischer Zusammenhalt gefördert.

32. Wirtschaftsjunioren

Die Wirtschaftsjunioren Remscheid bilden seit 1951 einen Zusammenschluss von jungen Remscheider Führungskräften und Unternehmern aus verschiedenen Wirtschaftsbereichen mit dem Ziel, die Interessen junger Unternehmer überparteilich zu vertreten. Mit innovativen Ideen und Projekten bringen sie sich für ökonomische und gesellschaftliche Themen ein. Mitglied kann jeder werden, der das 35. Lebensjahr noch nicht vollendet hat und Geschäftsführer oder Führungsperson eines Unternehmens ist. Unter dem Motto „Wir tun was" setzen sich die Wirtschaftsjunioren in verschiedenen Gesellschaftsbereichen ehrenamtlich ein. Eines der Projekte ist „Wirtschaft Erleben", bei dem Remscheider Unternehmen bei einem Tag der offenen Tür interessierten Bürgern Einblicke in die Produktion liefern. Mit dem Projekt „Wortschatz" möchten die kurz „Wijus" genannten Mitglieder speziell Kinder mit Migrationshintergrund sprachlich fördern und ihnen den Einstieg in die Berufswelt erleichtern.

33. Junge Gründer

Remscheid ist seit jeher bekannt für große Firmennamen, Produzenten und Erfinder. Die Zahl der Gewerbeneuanmeldungen ist jedoch stetig zurückgegangen, und das zu einer Zeit, in der die „Startup-Welle“ weltweit für Aufruhr sorgt. Das soll sich ändern: Im Jahr 2015 wurde das Projekt „Gründerschmiede“ ins Leben gerufen. In Zusammenarbeit mit erfolgreichen jungen Gründern soll eine Infrastruktur und ein Netzwerk geboten werden, das zum Gründen einlädt. Mit Beratung und Know-How sollen Remscheider motiviert werden, in ihrer Stadt eigene Unternehmen zu gründen. Neben zahlreichen Netzwerkveranstaltungen werden unter anderem Beratungs- und Kursangebote sowie Coworking-Arbeitsplätze gestellt.

Na, denke ich mir, dann wird es ja nicht mehr lange dauern, bis ein Remscheider Start-Up zum nächsten großen Weltkonzern wird. Ich überlege auch schon länger, ein Unternehmen zu gründen. Ideen schwirren mir da genug durch den Kopf. Eine hybride Partnervermittlung für Mittvierziger vielleicht? Oder etwas mit Bestattungen? Ein schickes Netzwerk, in dem ich Brieffreundschaften mit Menschen aus der ganzen Welt schließen kann? So könnte doch auch der Kontakt zu den mit Remscheid verbundenen Städten verbessert werden. Ich muss da nochmal drauf rumkauen.

34. Ashington

Zu den ältesten Partnerschaften zwischen deutschen und britischen Städten zählt die freundschaftliche Beziehung zwischen

Remscheid und den Gemeinden Ashington und New-Beggin-by-the-Sea. Im Jahr 2004 wurden Vertreter Remscheids sogar als Gäste zum Staatsbesuch der Königin Elizabeth II. in Nordrhein-Westfalen geladen. Als Hauptregion des britischen Bergbaus wurde der „District Wansbeck“ mit den Gemeinden Ashington und New-Beggin-by-the-Sea bekannt. Seit Mitte der 1980er Jahre wird an einem neuen Image als touristisch attraktive Region gefeilt, da der Bergbau nach und nach eingestellt wurde.

35. Kirşehir

In Remscheid leben rund 2.000 Menschen, deren Familien aus dem türkischen Kirşehir und Umgebung stammen. Im Jahr 2014 wurde eine Städtepartnerschaft zwischen beiden Städten beschlossen.

Die anatolische Stadt Kirşehir liegt mitten im Herzen der Türkei. Kirşehir kann auf eine Jahrtausende umfassende Siedlungstradition zurückblicken. Bereits um 3.500 v. Chr. sind erste Siedlungen nachgewiesen. Heute hat die schnell wachsende Stadt knapp 120.000 Einwohner.

36. Mragowo

Seit 1954 besteht die Patenschaft Remscheids zum polnischen Kreis Mragowo (Sensburg). Im Jahr 2015 wurde die offizielle Partnerschaft mit dem polnischen Landkreis besiegelt. Mragowo liegt in der Woiwodschaft Ermland-Masuren am Rand der Masurischen Seenplatte. Der Kreis zählt über 22.000 Einwohner auf 14,80 Quadratkilometern. In dem ehemals preußischen Gebiet lässt sich noch viel deutsche Geschichte erfahren. Sehenswert ist die gut erhaltene Altstadt mit Kirchen aus dem 18. und 19. Jahrhundert sowie das Rathaus von 1825.

37. Pirna

Eine innerdeutsche Städtepartnerschaft pflegt Remscheid seit 1990 zu der sächsischen Stadt Pirna. Pirna wird als das „Tor zur sächsischen Schweiz“ bezeichnet und zählt etwa 50.000 Einwohner. Besonders sehenswert sind dort die Denkmäler aus der Zeit der Spätgotik, der Renaissance und des Barock. Der Verein „Partnerschaftskomitee Remscheid-Pirna“ sorgt für den kulturellen Austausch zwischen den Städten.

38. Presov

Im Jahr 1989 wurde die Städtepartnerschaft zwischen Remscheid und Presov begründet. Für die Pflege der freundschaftlichen Verbundenheit ist 2003 der Partnerschaftsverein Remscheid-Presov e.V. entstanden. Ziel des Vereins ist es, neben den organisierten Jugendaustauschen und offiziellen Besuchen, die Verbindungen zwischen den Bürgern der Städte zu beleben. Presov mit 70.000 Einwohnern liegt in der Ostslowakei. Bekannt ist die Stadt für ihre Nahrungsmittel- und Konfektionsindustrie. Presov ist nicht nur Bischofssitz, sondern hat auch ein starkes Kultur- und Bildungszentrum mit vielen Theatern, Museen und Galerien.

39. Quimper

Die Städtepartnerschaft zu Quimper besteht seit 1971 und wird besonders durch den Verein „Städtepartnerschaft Remscheid-Quimper“ mit regelmäßigen Besuchen und Austauschen gepflegt. Quimper ist eine Stadt in der französischen Bretagne und hat etwa 63.000 Einwohner sowie eine Fläche von 84,45 Quadratkilometern. Berühmt ist Quimper für die Porzellan-Manufaktur mit handwerklich gefertigten Fayencen.

Das erinnert mich an meinen Schüleraustausch damals. Mein holländischer Gastvater war ein eindrucksvolles Beispiel dafür, dass die Niederländer mehr als nur Wohnwagenfanatiker sind. Manche Wörter scheinen, jedenfalls meinen ersten Recherchen nach, dem Remscheider Platt nicht so unähnlich zu sein. Ach ja, die Schulzeit ...

40. Remscheider Schulen

Die Remscheider Schullandschaft besteht aus insgesamt rund 40 städtischen sowie weiteren privaten Schulen. Neben 17 Grundschulen ist die Stadt Remscheid Träger von drei Hauptschulen, zwei Realschulen, einer Sekundarschule, zwei Gesamtschulen, vier Gymnasien sowie drei Berufskollegs und einem Weiterbildungskolleg. Viele Remscheider Schulen wurden nach Berühmtheiten benannt, doch was steckt eigentlich hinter AVH, GBG oder RöGy? Kennen Sie die Persönlichkeiten hinter den zehn Schulnamen auf der folgenden Seite?

1) Der Remscheider **Karl Kind** (Städtische Förderschule Karl-Kind) setzte sich für die Lebensbedingungen von Arbeitern, sozial Schwachen und für die Schulpolitik ein.

2) **Hilda Heinemann** (Hilda-Heinemann-Schule) setzte sich als Frau des dritten Bundespräsidenten der Bundesrepublik Deutschland für Frauenrechte und für die Eingliederung ins Arbeitsleben ein.

3) **Alexander von Humboldt** (Alexander-von-Humboldt-Schule, kurz AVH) war zu seiner Zeit ein bedeutender Wissenschaftler und setzte sich zudem für humanitäre und soziale Ziele ein.

4) **Albert Einstein** (Albert-Einstein-Schule, kurz AES) gilt dank der Entdeckung der Relativitätstheorie als einer der bedeutendsten Physiker aller Zeiten.

5) **Sophie Scholl** (Sophie-Scholl-Gesamtschule) schloss sich der Widerstandsbewegung gegen das Hitler-Regime an. Sie druckte und verteilte Flugblätter gegen die Nazis und deren Verbrechen.

6) **Ernst Moritz Arndt** (Ernst Moritz-Arndt-Gymnasium, kurz EMA) war deutscher Schriftsteller, Historiker, Freiheitskämpfer und Abgeordneter der Frankfurter Nationalversammlung.

7) **Gertrud Bäumer** (Gertrud-Bäumer-Gymnasium, kurz GBG) war eine deutsche Frauenrechtlerin und Politikerin.

8) **Gottfried Wilhelm Leibniz** (Leibniz-Gymnasium) war deutscher Philosoph, Mathematiker, Diplomat, Historiker und politischer Berater der frühen Aufklärung.

9) **Wilhelm Conrad Röntgen** (Röntgen-Gymnasium, kurz RöGy) wurde in Lennep geboren. Er war ein deutscher Physiker und entdeckte 1895 die nach ihm benannten Röntgenstrahlen.

10) **Dr. Walther Hartmann** (Gemeinschaftsgrundschule Walther Hartmann) war Oberbürgermeister der Stadt Remscheid.

41. Sportstätten

In Remscheid finden viele Sportarten und Vereine ein Zuhause. Für große Sportveranstaltungen stehen die Stadien am Reinshagen und in Lennep zur Verfügung. Zudem gibt es sechs Großsporthallen, sechzehn Sportplätze und über 40 Turn- und Sporthallen sowie Tennishallen und -plätze, Bogenschießanlagen, Skateranlagen, Reitplätze und einen Mehrgenerationen-Fitness-Park. Auch für den Behindertensport gibt es zahlreiche Angebote und Wettbewerbe. Große Sportveranstaltungen mit überregionaler Strahlkraft sind der Röntgenlauf, die Remscheider Reitertage, das Radrennen rund um Lüttringhausen und das große Fußballturnier am Hackenberg zu Pfingsten.

42. Lauf- und Nordic-Walking-Park

In Zusammenarbeit mit dem Fachdienst Sport und Freizeit der Stadt Remscheid entwickelte der Röntgen-Sport-Club Remscheid eine „Sportarena", die Remscheid, Lüttringhausen und Lennep miteinander verbindet. 2008 wurde diese offiziell eröffnet und schildert seitdem verschiedene Streckenabschnitte für Läufer und Nordic-Walker aus. Von Kurzstrecken zwischen drei und sechs Kilometern hin zu Langstrecken von acht bis 22 Kilometern gibt es verschiedene Wege für Anfänger und Fortgeschrittene. Auf teils asphaltierten Wegen oder Waldböden lässt sich die Landschaft zwischen Bächen, Wäldern und Bergen erkunden. Streckentafeln sind vor dem Mercure Hotel am Jägerwald, Hotel Restaurant Kromberg in Lüttringhausen, Hotel Berliner Hof in Lennep und vor dem MK Hotel am Hauptbahnhof zu finden.

43. Fallschirmspringen

Seit 1971 gibt es in Remscheid einen Fallschirmspringer-Club, der neben dem klassischen Fallschirmspringen auch außerordentliche Veranstaltungen wie das Nachtzielspringen oder Wasserzielspringen veranstaltete. Zahlreiche Deutsche Meisterschaften gewannen Mitglieder des Clubs und wurden auch Vize-Weltcup-Meister in den USA. Im Jahr 2001 stellte der Club das erste Vierer-Frauennationalteam Deutschlands.

Wer möchte, kann sich bei einem Tandemsprung mit einem erfahrenen Fallschirmspringer auf 4000 Metern Höhe aus einem Flugzeug fallen lassen und mit 200 Stundenkilometern in 50 Sekunden freiem Fall auf die Erde zurasen – bis sich der Fallschirm öffnet und man entspannt gleitet. Auch eine Lizenzausbildung zum Fallschirmspringer lässt sich bei dem Verein absolvieren.

44. Geocaching

Es gibt viele Möglichkeiten Remscheids Natur zu entdecken. Neben klassischen Wander- und Radtouren zum Beispiel auf moderne Weise beim Geocaching. Über die Plattform geocaching.com gilt es in Remscheid mehr als 2.400 offizielle Caches zu entdecken. Wer kein GPS-Gerät besitzt, kann diese auch mit einem Smartphone aufsuchen. Die Caches haben unterschiedliche Schwierigkeitsstufen und müssen beispielsweise in Steinmauern oder rund um Bäume gesucht werden. Dabei gilt es für die Sucher – auch Cacher genannt – Rätsel zu lösen. Man munkelt, es gäbe in Remscheids Wäldern einen Cache der höchsten Schwierigkeitsstufe. Um den Cache zu finden, brauche man eine

Ausrüstung um auf Bäume zu klettern. Nachdem man sich von Baum zu Baum gehangelt habe, finde man zur Belohnung in einer Baumkrone einen Kühlschrank, aus dem man sich ein Bier nehmen könne. Mittlerweile werden in Remscheid auch geführte Geocaching-Touren angeboten, die besonders an Kindergeburtstagen beliebt sind.

45. Trendsportarten

Neben den klassischen Sportarten halten auch neuere, sogenannte „Trendsportarten" in Remscheid Einzug. Die „Funbox" lädt zum Skateborden, BMX-Fahren und Inline-Skaten ein. Besonders in den Wintermonaten wird die Halle von bis zu 150 Sportlern am Tag genutzt, darunter Kinder, Jugendliche und junge Erwachsene. Die Halle ist mit mobilen Rampen sowie einem besonders „rollfähigen" Boden ausgestattet. Neben der Funbox stehen den Skatern eine Anlage auf dem Parkplatz des Reinshagener Stadions und eine Halfpipe im Lenneper Bachtal zur Verfügung. Für eine Parkour-Sportanlage in der Nähe des Remscheider Hauptbahnhofes setzte sich der Jugendrat mit einigen Parkour-Sportlern ein. Unterstützt von der Stadt, Vereinen und Unternehmen wurde der Park im Jahr 2015 realisiert. Die Trendsportart verbindet Hindernislauf, Akrobatik und Kraftsport, indem man unterschiedliche Hindernisse auf dem schnellsten und direktesten Weg zu überwinden versucht.

46. Fahrradtour „Rund um Remscheid“

Neben zahlreichen Wanderwegen kann man Remscheid und Umgebung wunderbar auf dem Fahrrad entdecken.

„Rund um Remscheid“
Dauer der Fahrt: etwa 3,5 Stunden
Länge der Strecke: 35 Kilometer
Beschaffenheit der Strecke:
Größtenteils Bahntrasse von Lennep bis Müngsten, an Schloss Burg kann man die Seilbahn mit Fahrradtransport bergauf nutzen und die Wupper mit der Schwebefähre überqueren
Highlights der Strecke: Brückenpark mit Müngstener Brücke, Schloss Burg, Lenneper Altstadt

47. Top 5 Joggingrunden

Remscheid bietet besondere Strecken für Läufer, Jogger und Nordic Walker. Ob über befestigte neu angelegte Strecken oder mitten durchs Grüne – es ist für jeden was dabei.
Hier die Top 5 Strecken:

1. Eschbachtalsperre: „Der Klassiker“
Startpunkt: Wanderparkplatz am Hotel oberhalb der Eschbachtalsperre
Länge der Strecke: 6,2 Kilometer
Steigung: etwa 187 Höhenmeter
Beschaffenheit der Strecke: gut begehbare Waldwege
Highlight: Talsperre

2. Werkzeugtrasse
Startpunkt: Parkplatz am Hasten (Königstraße 203, 42853 Remscheid) oder Remscheid Hauptbahnhof
Länge der Strecke: 8,6 Kilometer (einfacher Weg 4,3 Kilometer)
Steigung: etwa 50 Höhenmeter
Beschaffenheit der Strecke: asphaltiert
Highlight: Präsentation der Remscheider (Werkzeug-)Industrie

3. Reinshagen (Rundwanderweg A9)
Startpunkt: Sporthalle West (Wallburgstraße 25, 42857 Remscheid)
Länge der Strecke: etwa 4,9 Kilometer
Steigung: etwa 177 Höhenmeter
Beschaffenheit der Strecke: gut begehbare Waldwege
Highlight: Müngstener Brücke

4. Grund (Rundwanderweg A3)
Startpunkt: Wanderparkplatz Grund
Länge der Strecke: etwa 6,7 Kilometer
Steigung: etwa 201 Höhenmeter
Beschaffenheit der Strecke: gut begehbare Waldwege, teils asphaltiert
Highlight: historische Fachwerkhäuser

5. Lenneper Stadtwald (Rundwanderweg A3)
Startpunkt: Wanderparkplatz Lenneper Stadtwald
Länge der Strecke: etwa 5,3 Kilometer
Steigung: etwa 119 Höhenmeter
Beschaffenheit der Strecke: gut begehbare Waldwege, teils asphaltiert
Highlight: Panzertalsperre

Rausgehen, die Natur genießen und den Kopf frei bekommen. Das ist genau mein Ding! Also ... außer natürlich, es ist zu kalt, zu warm oder es regnet. Bei meinen Recherchen habe ich mich übrigens vom Sauerländischen Gebirgsverein inspirieren lassen. Viele weitere Routen, Tipps und Treffs finden sich im Internet.

48. Medien und Presse

Die kleine Großstadt Remscheid beheimatet zahlreiche regionale Medieninstitutionen. Unter den regionalen Tageszeitungen sind der Remscheider General-Anzeiger und die Bergische Morgenpost die auflagenstärksten in der Stadt. Radio RSG sitzt zwar in Solingen, ist aber der lokale Radiosender für die Städte Remscheid und Solingen. Seit 2010 hat Remscheid mit „rs1.tv“ sogar einen eigenen Online-Fernsehsender, seit 2014 mit „ENGELBERT“ ein Hochglanzmagazin. So kann man sich auf den verschiedensten Kanälen über das Remscheider Stadtleben informieren.

49. Touristische Highlights

In Remscheid gibt es zahlreiche Sehenswürdigkeiten zu bestaunen. In der Innenstadt findet man das historische Rathaus und die imposante Löwenstatue, die Sternwarte mit angrenzendem Stadtpark ist fußläufig zu erreichen. Am Hasten findet man das historische Zentrum mit dem Haus Cleff, das als eines der schönsten Häuser des Bergischen Landes gilt. In Müngsten kann man die höchste Eisenbahnbrücke Europas bestaunen und die Aussicht auf das Tal von den Diederichstempeln aus genießen.

Die Eschbachtalsperre und Panzertalsperre sind die ersten Trinkwassertalsperren Deutschlands und liegen in naturgeschützten Waldgebieten mit Wander- und Spazierrouten. Die historischen Altstädte von Lennep und Lüttringhausen mit ihren schönen Kirchen und verwinkelten Gassen lassen einen in eine andere Zeit eintauchen. Über 600 Denkmäler sind zudem in Remscheid verzeichnet.

Was? Das kann ich mir beim besten Willen nicht vorstellen. Das sind doch wieder so Infos, die irgendwelche Werbefuzzis in neumodernen Agenturen zusammengoogeln, oder? Das wollen wir doch mal sehen: Ich werde die Plätze einfach alle selber bereisen und mir das mal ganz in Ruhe anschauen.

Alt-Remscheid

Remscheid, ich besiege dich! Wenn man sich mal überlegt, was ich trotz der Kopfschmerzen am ersten Tag zusammengetragen habe, wird das doch ein Kinderspiel mit dieser Liste. Vermutlich werde ich nicht mal die vereinbarten vier Wochen brauchen. Vielleicht nutze ich die restlichen Tage dazu, direkt eine Fortsetzung anzufertigen. In meinem Kopf dreht sich gerade ein Riesenrad: Lesungen in ausverkauften Hallen, Einladungen zu glamourösen Talkshows, eigene Autogrammkarten ... na ja, eins nach dem anderen.

Ich nehme mir vor, zunächst etwas Struktur in das Projekt zu bringen und eröffne mit einem Edding eine Strichliste auf der Küchenwand. Sämtliche Links und Notizen aus meinem Smartphone konvertiere ich zu Strichen auf der Wand. So habe ich stets einen zuverlässigen Zwischenstand. Und jetzt nichts wie raus zu meiner Spurensuche auf den Remscheider Straßen.

Siegessicher schlendere ich die Alleestraße zum Rathausplatz hinauf. Um nicht aus der Puste zu kommen, stoppe ich ab und zu und mache für meine Freunde im Netz ein paar Bilder von mir, die ich mit den Hashtags #rolf #in #remscheid #oldiebutgoldie und #likeifyoulikeme versehe. Der Upload dauert leider ewig und noch während ich, die vielen Likes erwartend, verträumt auf mein Smartphone schaue, springt mich von der Seite plötzlich etwas an und wirft mich ohne zu zögern auf den Boden. Als ich wieder zu mir komme, schauen mich acht Augen verblüfft an. Drei Au-

genpaare befinden sich direkt über meinem Kopf, und die Wesen beginnen mir ohne Vorwarnung das Gesicht zu lecken. Das vierte Augenpaar kommt mir dann zum Glück zur Hilfe, zieht diese angsteinflößenden Löwen von mir weg und gibt mir einen Moment, um mich zu sammeln und aufzustehen.

„Sorry, aber meinen drei Damen gefällt es gar nicht, dass hier jeder nur noch mit dem Blick auf sein Handy durch die Straßen zieht", ermahnt mich eine Frau. Ich bin wie in Trance. Ihre Worte schweben weich durch die Luft und ihr blondes Haar weht leicht im Wind. So eine schöne Frau habe ich noch nie gesehen. „Hey, aufwachen, du Schlafmütze", sagt sie lächelnd. Mit ihrem Blick nimmt sie mich gefangen. Nur langsam komme ich wieder zu mir. Ich klopfe mir den Staub von der Hose und bringe leicht zittrig ein „Was sind das für Löwen?" über die Lippen. Sie lacht. „Löwen? Das sind chinesische Chow Chows. Aber wie du siehst, sind die Hunde auch sehr gefährlich!"

Eigentlich habe ich dem Thema Liebe seit ein paar Jahren komplett entsagt. Ich bin ein guter Einzelkämpfer und brauche so ziemlich niemanden außer mich selbst, um mir ein schönes Leben zu machen, so! Andererseits habe ich mindestens genauso lange nicht mehr eine so schöne Frau getroffen. Noch bevor ich meine Gedanken sortieren kann, sprudelt es weiter aus ihr heraus. „Also, ich bin Lena. Ich wohne oben in der Scharffstraße und bin hier oft in der City unterwegs. Ich kenne echt Gott und die Welt, aber dich hab ich noch nie gesehen. Biste neu hier?"

Ich stelle mich vor und beginne damit, Lena meine Geschichte zu erzählen. Sie ist begeistert von meinem Mut und ganz bestimmt auch fasziniert davon, mal persönlich einen aufstrebenden Schriftsteller kennenzulernen.

Prompt lädt sie mich ein, sie auf ihrem Spaziergang zu begleiten und Remscheid aus ihrer Sicht zu erleben. Ich willige vielleicht etwas zu blitzartig ein, aber Lena ist einfach eine Wucht mit ihren drei Löwinnen.

Rolf, du Vollidiot! Von dem anstrengenden Spaziergang wieder in meiner beschaulichen Dachgeschosswohnung angekommen, fühle ich mich feige. Anstatt Lena zu küssen, durfte ich lediglich den Kot der Köter aufheben, mit einem dieser Kackbeutel, die hier überall rumhängen. Und natürlich habe ich mich weder getraut nach Lenas Telefonnummer zu fragen noch nach ihren Internetprofilen. Das wird schwer bis unmöglich sie im Internet zu finden. Ich stelle das Thema erst mal hinten an, setze mich vor den Heizkörper in der Küche und schenke mir ein Glas Rotwein ein. Dann schreibe ich auf, was ich mit Lena heute alles über Remscheid erfahren habe. Denn das war immerhin einiges.

50. Alt-Remscheid

Alt-Remscheid ist der bevölkerungsreichste Stadtbezirk Remscheids mit einer Bevölkerungsdichte von 25.440 Einwohnern pro Quadratkilometer. Flächenmäßig ist die „Innenstadt" jedoch kleiner als Lennep.

Für besonders Neugierige:
Hier finden sich die Unterkapitel zu Alt-Remscheid

Innenstadt

51. Rathaus

Der erste Bürgermeister Remscheids konnte noch kein schickes Amtszimmer im Rathaus beziehen, er musste dieses schlicht in seinem eigenen Wohnhaus einrichten. So befand sich das erste „Rathaus" Remscheids in der Schüttendelle, der zweite Bürgermeister wohnte dann am Hasten – und so zog auch das Amtszimmer dorthin.

Schnell wurde klar, dass das wachsende Remscheid ein eigenständiges Verwaltungshaus braucht. Als geeigneter Platz wurde der Holscheidsberg bestimmt, der den Schützen zu dieser Zeit jedoch als Schützenfeld diente. Nach zähen Verhandlungen überließen die Schützen der Stadt das Gelände des heutigen Theodor-Heuss-Platzes. Im Gegenzug erhielten sie von der Stadtverwaltung neben einer Geldzahlung auch ein alternatives Areal, den heutigen Schützenplatz.

Auf dem Gelände, das heute als Rathausplatz bekannt ist, begann in den Jahren 1902 bis 1906 der Bau des ersten Rathauses im Neo-Renaissance-Stil, und jedes Gewerk, das etwas auf sich hielt, wollte sich an dem Prestigebau beteiligen. Bei der Eröffnung kamen viele Gäste und Zuschauer und bestaunten das kostbare Bauwerk mit seinen Goldverzierungen. Es wurde sogar überlegt, das Rathaus sonntags zu öffnen, damit es sich die Bürger in Ruhe, wie bei einem Museumsbesuch, anschauen konnten.

In einer Bombennacht im Juli 1943 wurde das Rathaus, wie der ganze Innenstadtkegel, dann größtenteils zerstört. Es standen nur noch Fragmente. Erst nach dem Krieg widmete man sich dem Wiederaufbau des Rathauses, welches in ähnlichem Stil wiederhergestellt werden sollte, jedoch mit weniger Prunk und Protz. Im Jahr 1956 war der Bau fertiggestellt und wurde wieder genutzt, die Wiederherstellung des Turmes wurde 1962 abgeschlossen.

Exakt 58 Meter führen hoch bis zum Rathausturm. Genau 222 Stufen geht man vom Rathausplatz hoch bis zum Turmzimmer, wo heute kleine interne Jubiläumsfeiern, Verleihungen und Trauungen stattfinden.

52. Der schönste Tag im Leben

Immer wenn in Remscheid eine Hochzeit bevorstand, wurde diese von einem Hochzeitsausrufer verkündet. Drei Wochen vor der Hochzeit wurde „Hieleng“, also der Polterabend, gefeiert.

Am Tag der Hochzeit wurden Werkstätten und Schmieden früher geschlossen, sodass alle an der Trauung teilnehmen konnten. Der Pfarrer kam in das Haus der Eheleute und hielt dort die Trauung ab, die nach erfolgreichem Abschluss mit Pistolenschüssen verkündet wurde. Bei sogenannten Gebehochzeiten wurden vorher die Speisekarten bekanntgegeben. So sollten möglichst hohe Geldgeschenke erzielt werden, für Haushalte, die wenig Geld zur Verfügung hatten. Diese Gebehochzeiten wurden später verboten, da sich einige Gäste hoch verschuldeten, um an den Hochzeiten teilnehmen zu können.

53. Ratskeller

Der Ratskeller befindet sich, wie der Name schon sagt, im Keller des Remscheider Rathauses. Schon immer war er ein Ort der Einkehr und Mittelpunkt des Stadtlebens. Zwischen den Weltkriegen traten dort rastende Kirmesleute wie Jongleure und Degenschlucker auf. Über die Jahre herrschte immerzu eine rege Betriebsamkeit in der Gaststätte.

54. Remscheider Löwe

Ein wichtiges Bauwerk, das jeder Remscheider kennt, steht mitten auf dem Rathausplatz: die Löwenstatue mit 13,5 Metern Höhe. Erbaut wurde das ursprüngliche Hitler-Denkmal von dem Bildhauer Willy Meller und 1939 bei einer Großkundgebung der NSDAP enthüllt. In anderen Städten wurden Statuen mit dem Abbild Hitlers erbaut, in Remscheid hatte man sich für den Löwen als Symbol entschieden. Im Vergleich zum „Bergischen Löwen“ und Wappentier des Bergischen Landes wurde der steinerne Löwe jedoch nicht aufgerichtet und nur mit einem Schwanz abgebildet.

Der Löwe musste mit der Zeit vieles miterleben. In der Bombennacht 1943 ist das Denkmal überraschend heil geblieben und man überlegte, es nach dem Krieg wegen seiner Verherrlichung des Naziregimes abzureißen. Letztlich entschied man sich für eine Umwidmung und entfernte die Inschriften. Heute steht der Löwe zugleich als Denkmal für den Frieden und Mahnmal gegen den Krieg.

Als die Stadtsparkasse im Jahr 1956 eine Tiefgarage unterhalb des Rathausplatzes erbauen ließ, blieb der Löwe erneut stehen, und so wurde die Baustelle von den Remscheidern liebevoll „Löwengrube“ genannt.

Am 19. Dezember 1966 feierten die Remscheider ein großes Fest rund um das Löwendenkmal, als der Rathausplatz in „Theodor-Heuss-Platz“ umbenannt wurde. Auch heute finden rund um den Löwen auf dem Rathausplatz regelmäßig Feierlichkeiten, wie Konzerte, Wochen- und Weihnachtsmärkte sowie Public-Viewings zu Fußballgroßveranstaltungen statt.

55. Löwenparade

Zum 85. Großstadtjubiläum feierte Remscheid im Jahr 2014 ein großes Fest, Mittelpunkt der Feierlichkeiten war die Löwenparade. Der Remscheider Löwe wurde zur Identifikationsfigur des runden Geburtstages. Remscheider Unternehmen, Vereine, Schulen und Einzelpersonen hatten zuvor lebensgroße Löwenfiguren erworben und diese nach ihren Vorstellungen bemalt und dekoriert. Bei einer feierlichen Parade wurden die bunten Löwen über die Alleestraße gezogen. Seitdem haben sie an zahlreichen Stellen im Stadtbild einen Platz gefunden und verschönern mit ihren bunten Farben die Straßen und Ecken Remscheids. Die Parade diente vor allem dazu, ein Zusammengehörigkeitsgefühl in der Stadt neu aufleben zu lassen, was zweifelsohne gelang.

56. Waterbölles

Vom Rathausturm aus sieht man „Auge in Auge" den Waterbölles. Der Wasserturm in der Hochstraße ist einer von sieben auf sieben Bergen Remscheids. Er wurde als Erster 1883 mit einem großen Festakt in Betrieb genommen, Tausende begrüßten das silberne Nass auf dem Bergkegel. Tatsächlich war der Bau des Wasserturms mit seinen 400 Kubikmetern Fassungsvermögen für die Versorgung von über 900 Haushalten notwendig geworden.

Im Laufe der Zeit wurde sein Fassungsvermögen mit einer neuen Ummantelung um 1100 Kubikmeter erweitert. Im Krieg in Teilen zerstört, wurde er 1953 wiederaufgebaut und 2002 noch einmal restauriert. Bekannt ist er unter dem Namen „Waterbölles" oder früher auch „Der dicke Daumen des Kämmerers" und ziert als Wahrzeichen, schon von weitem zu sehen, neben dem Rathausturm die Silhouette der Stadt. Seit Januar 2006 ist ein gleichnamiges kommunalpolitisches Forum im Internet zu finden, und es gibt eine Erlebnisführung, bei der die Teilnehmer einen mysteriösen „Mordfall am Waterbölles" aufklären können.

57. Steinberg

Der Steinberg findet die erste Erwähnung um 1675, da in der Nähe des Mückenbachs ein Reckhammer geplant war. Jedoch wurde er erst später besiedelt, um 1808 standen dort vier Häuser. Viele Remscheider erinnern sich noch an das dortige Chemieunternehmen „Thermolith". Auch bekannt als „Giftbude" oder „Firma Fliegentod", bei der viele Steinberger eine Anstellung fanden.

Heute kann man den Steinberg als „In-Viertel" Remscheids bezeichnen. Durch die Innenstadtlage und gleichzeitige Nähe zur Natur ist die Siedlung besonders bei jungen Menschen beliebt.

58. Allee-Center

Mit dem Allee-Center bietet die Remscheider Innenstadt neben der Alleestraße auch eine überdachte Einkaufsmeile. Auf 30.000 Quadratmetern und zwei Etagen mit anliegendem Parkhaus bietet das Center zahlreiche Shoppingmöglichkeiten. Cafés und Restaurants laden zum Verweilen und Klönen ein.

Der Platz, auf dem das heutige Allee-Center erbaut wurde, liegt zwischen der Alleestraße, dem Teo Otto Theater und dem Rathausplatz. Das bislang größte Einkaufzentrum Remscheids war jedoch nicht unumstritten. Im Rat der Stadt sprachen sich die vertretenen Parteien SPD und FDP für den Bau aus, die CDU war strikt dagegen. In der entscheidenden Abstimmung wurde schließlich eine sehr knappe Entscheidung, mit nur zwei Stimmen Mehrheit, für den Bau erzielt. Dazu musste ein Mitglied des Rates aus dem Urlaub geholt werden und ein weiteres wurde frisch vom Operationstisch im Rollstuhl in den Ratssaal gefahren. Am Eröffnungstag im Februar 1986 lockten die damals 60 Geschäfte rund 100.000 neugierige Besucher. Und ein weiteres Novum war erreicht: Mit 130 Metern bot das Allee-Center die längste Glasflucht Europas.

59. Alleestraße

Die Alleestraße ist heute Einkaufsstraße und Fußgängerzone in einem. Sie entwickelte sich aus dem Verbindungsweg vom Markt hoch zum Rathaus, an dem sich im Laufe der Zeit zahlreiche Geschäfte ansiedelten.

Im Mai 1950 wurde der erste Selbstbedienungsladen in Remscheid auf der unteren Alleestraße eröffnet, ganz im Gegensatz zu den traditionellen „Tante-Emma-Läden". Diese neue Form der Geschäfte löste eine große Diskussion aus, da die Zahl der Ladendiebstähle immens anstieg. Im Jahr 1952 eröffnete das Bekleidungsgeschäft „Sinn" mit 1000 m^2 Verkaufsfläche und schaffte 150 Arbeitsplätze. Eine große Attraktion in diesem Geschäft war die erste Rolltreppe Remscheids, die viele Remscheider auf- und abfuhren, da sie so etwas noch nie gesehen hatten.

In den 1970er Jahren wurde die Alleestraße zur Fußgängerzone. Durch den Bau des Allee-Centers kamen viele neue Geschäfte nach Remscheid, was die Einzelhändler auf der Alleestraße beklagten. In den vergangenen Jahren sind namhafte Einzelhandelsketten von der Alleestraße verschwunden und es gibt immer mehr Leerstände. Um dem entgegenzuwirken, soll die Straße mit neuen Ideen wieder attraktiver gemacht werden und mehr Menschen in die Innenstadt locken.

60. Remscheider General-Anzeiger

Im Jahr 1889 gründete Dr. Joseph Ziegler den Remscheider General-Anzeiger. Das erste Redaktionsgebäude befand sich auf der Alleestraße. Die Zeitung erschien zunächst zwei Mal in der

Woche, für die Leserschaft waren die Anzeigen auf der Titelseite das wichtigste, darüber hinaus war der neueste „Klatsch und Tratsch" sehr gefragt. Ab 1964 befand sich das Verlagsgebäude am Friedrich-Ebert-Platz. Heute ist der RGA wieder auf der Alleestraße zu Hause.

Die Lokalzeitung hat eine Auflage von etwa 15.000 Exemplaren. Seit 2011 gehört die Remscheider Medienhaus GmbH & Co. KG zum Verlag B. Boll.

61. Tüpitter

In einer kleinen Kolumne im Remscheider General-Anzeiger, in Remscheider Platt geschrieben, und für das einfache Volk gemacht, wurden Themen angesprochen, die den Alltag der Bürger betrafen. Es wurde geschimpft über die Entscheidungen der Stadtverwaltung, die Zustände der Straßen in Remscheid oder über zu hohe Brotpreise. Die Rubrik fand großen Anklang und man entschloss sich, ihr eine gezeichnete Symbolfigur zu geben. Das konnte nur ein typischer bergischer Arbeiter sein. Man wählte einen Schmied, nannte ihn Peter und gab ihm ein Seil für eine große Glocke an die Hand, an dem er kräftig ziehen sollte, um durch den Lärm Gehör zu finden. Die Überschrift der Kolumne mit diesem Schmied Peter lautete „Nit te bang! Tü Pitter!" also „Nicht zu ängstlich! Zieh Peter!". Obwohl diese Artikel nur einen kleinen Platz in der Zeitung fanden, waren die Leser so begeistert, dass sie den General-Anzeiger fortan „Tüpitter" nannten. Bis heute erreichen den Verlag Leserbriefe mit der Anrede: „Lieber Tüpitter!". Seit die Redaktion an der oberen Alleestraße sitzt, hat auch der aus Metall gegossene „Tüpitter" dort seinen Platz.

Seit über 125 Jahren bestimmt der Lokaljournalismus des Tüpitters das Stadtleben in Remscheid. Faszinierend! Mit großer Freude blättere ich mich durch längst vergangene Schlagzeilen. „Dürfen Frauen Fahrrad fahren?" – Dieser Titel aus dem Jahr 1897 zeigt, wie sehr sich Lokalzeitungen seit jeher um ihre Bürger sorgen. Das sind die Stories, die sich verkaufen in der Branche. Ich habe es immer gewusst!

Und übrigens: Ja, sie durften Fahrrad fahren, allerdings nur diejenigen, die keine Herz- und Lungenleiden hatten, nicht hysterisch, aufgeregt oder gar darmleidend waren.

62. Skulpturen auf der Alleestraße

Wenn man vom Allee-Center auf die Alleestraße tritt, sieht man oberhalb des „Tüpitters" gleich mehrere Skulpturen, doch was hat es damit auf sich?

Ganz einfach: Die erfolgreiche Textilhändlerin Ria Fresen wollte die Remscheider an ihrem Erfolg teilhaben lassen und spendete hohe Geldsummen für meist soziale Einrichtungen. Eine der auffälligsten ihrer Spenden stellen die überdimensionalen Zangen auf der oberen Alleestraße dar.

Der Rotary-Club Remscheid schenkte der Stadt Remscheid zu seinem 60-jährigen Bestehen 1992 die Skulptur „Spielende Kinder", an der auf der Alleestraße bestimmt schon jeder Remscheider vorbeigegangen ist. Wie kann es in Remscheid anders sein – es gibt auch eine Figur, die im Sturm einen Schirm hält.

63. Remscheider Citylauf

Der Laufsport in Remscheid ist sehr beliebt. Viele Läufer nutzen die Trassen und Wälder, um ihre Ausdauer zu trainieren. Im Jahr 1990 entstand die Idee, die Läufer aus den Wäldern mitten in die Innenstadt zu einem Wettkampf zu holen, im darauffolgenden Jahr veranstalteten der Reinshagener Turnerbund und die Stadtsparkasse gemeinsam den ersten Remscheider Citylauf. Die Veranstaltung ist immer weiter gewachsen. Um den großen Aufwand weiterhin stemmen zu können, hat der Remscheider Schwimm-Verein die Organisation in Zusammenarbeit mit der Stadtsparkasse im Jahr 1996 übernommen.

In unterschiedlichen Altersklassen absolvierten jährlich bis zu 1.500 Sportler den Lauf über verschiedene Distanzen. Schon immer war es den Veranstaltern wichtig, Remscheider Schüler für den Laufsport zu begeistern, daher konnten diese für ihre Schulen antreten und ein Preisgeld von 1000 Euro für Projekte an ihrer Schule erkämpfen. Im Jahr 2015 sollte der Citylauf zum 25. und letzten Mal stattfinden, aufgrund einer Bombendrohung musste die Veranstaltung jedoch kurzfristig abgesagt werden.

64. Bermuda Dreieck

Die Partyhochburg Remscheids ist seit Mitte der 1970er Jahre das so genannte „Remscheider Bermuda Dreieck“ in der Mandtstraße. Angefangen hat es mit den Kneipen „Hibiduri“ als Abkürzung für „Hier bist du richtig“, dem L’Eclipse und Quasimodo. Das Quasimodo, heute Simplicius, wurde von Benno Berghaus eröffnet.

Die Einrichtung mit Vertäfelungen, Kirchenbänken und Klavier ging aus einer Renovierung der Luther-Kirche hervor.

An den Wochenenden waren regelmäßig nicht nur die drei Kneipen gut besucht, die ganze Straße war mit Menschen überfüllt. Die Kellner servierten den Gästen ihr kühles Bier für gerade mal 80 Pfennig nicht nur drinnen, sondern auch direkt auf der Straße. Im Quasimodo kam übrigens Remscheids erste „Getränkepistole“ zum Einsatz. An heißen Sommerabenden nutzte der Wirt diese auch schon mal als erfrischende Dusche für seine Gäste.

Viele Remscheider erinnern sich noch an die wilden Zeiten zurück. An gleicher Stelle befinden sich heute immer noch beliebte Kneipen, die Nachtschwärmer bis in die frühen Morgenstunden bewirten.

65. Hesseninsel

Ende des 18. Jahrhunderts kamen viele junge Männer aus ärmlichen Gebieten Hessens nach Remscheid, um in der aufblühenden Industriestadt zu arbeiten. Gerade die fleißigen Schmiede waren als „Fremdarbeiter“ in den hiesigen Betrieben willkommen. In ihrer Freizeit konnten die jungen Leute mit den Einheimischen allerdings kaum mithalten. Sie sparten ihren Lohn, um ihn zur Verwandtschaft nach Hessen zu schicken und gönnten sich selten die Einkehr in ein Kakaostübchen, einen Tanzsaal oder eine Gastwirtschaft. Häufig aber trafen sich die Landsleute im Sonntagsgottesdienst der Stadtkirche und nutzten die Zeit, bis die nächste Straßenbahn ankam, an der Haltestelle Markt zu einem Schwätzchen. Schnell nannten die Einheimischen die Haltestelle an der Weltzeituhr, nicht ohne Skepsis dem Fremden gegenüber, die „Hesseninsel“. Heute befindet sich dort eine Inschrift im Boden: „Hesseninsel, Treff der Hergelu'openen“, wie der Bergische die zugezogenen „nicht Remscheider“ nennt. In den 1950er Jahren kamen dann Gastarbeiter aus Italien, Österreich, Holland, Jugoslawien und der Türkei in die Stadt.

Hehr-geh-lop-pen, Her-ge-lu-ob-pen-er, Her-ge-lupp-en-er... Leise versuche ich mehrmals dieses Wort vor mich hin zu sprechen. Ist das wirklich richtig geschrieben? Da hat doch einer die Buchstaben durcheinander gewürfelt. Nachdem ich verschiedene Quellen prüfend vergleiche, muss ich mich damit abfinden, dass ich das Wort als Hergelu'opener wohl nicht aussprechen kann.

66. Markt

Mit dem Stadtrecht erhielt Remscheid 1808 auch das Marktrecht. Traditionell fanden die Wochenmärkte „am Markt“ statt. Später erschloss sich der Bergkegel und zahlreiche Geschäfte und Gastronomie-Betriebe entwickelten sich rund um den Mittelpunkt Alt-Remscheids. Bereits früh siedelten sich Gaststätten, Butterstübchen und Feinkostläden am Markt an. In Marmorsälen wurden Tanz und Unterhaltungskonzerte geboten.

Wirtshäuser wie der Bierbrunnen, die Hufschmiede und das Brauerhaus öffneten nach und nach ihre Türen. Am Markt eröffnete das erste kleine Einkaufscenter, das „Cityhaus“, mit Reisebüro, Tabakladen und anderen Kleinwaren. Im Keller des Cityhauses befanden sich eine Disko („Tenne“) und eine Kneipe („Schwemme“). Ließen die Remscheider ihre Küche kalt, gingen sie zudem in den „Wienerwald“.

Bis in die 1990er Jahre war das Remscheider Nachtleben mit vielen Kneipen und Diskotheken sehr bunt und rege. Dies änderte sich mit der Zeit, da es viele Remscheider zum Feiern mehr und mehr in die großen Städte im Umland zog.

67. Dönerkrieg

Deutschlandweite Schlagzeilen machte Remscheid mit dem wahrscheinlich billigsten Döner bundesweit. Für gerade mal 80 Cent bot ein Döner-Imbiss eine Dönertasche „mit allem drum und dran“ an. Dieser besonders niedrige Preis ergab sich aus der starken Konkurrenz auf der unteren Alleestraße und am Markt, wo sich ein Dönerladen an den anderen reiht. Obwohl sich die Döner-Verkäufer auf einen einheitlichen Preis von 2,50 Euro pro Portion einigten, wurde dieses Abkommen nach nur einer Woche gebrochen. Dies führte in Remscheid zu einem erbitterten „Dönerkrieg“.

68. Remscheider Straßenbahn

Da die bergischen Bewohner auf Grund ihrer vielfachen Handelsbeziehungen Transportmitteln aller Art immer sehr aufgeschlossen gegenüberstanden, wundert es nicht, dass hier schon im Jahr 1893 die ersten Straßenbahnen die Wege über die Berge erleichterten. Diese wurden ohne Zahnrad oder Seilzug betrieben – in Europa damals eine echte Neuheit. Die Remscheider verfügten über keinerlei Erfahrung in der Konstruktion und hatten nur die Cable Cars in San Francisco als Vorbild. Auf Initiative von Robert Böker wagte sich die bergische Stahlindustrie an den

Bau und konstruierte die ersten Wagen. Sie waren ausgestattet mit Klotzbremsen und Sandstreuanlagen gegen nasse oder verschneite Gleise. Die Straßenbahnen bestanden aus einem Waggon und erreichten die Maximalgeschwindigkeit von zwölf Stundenkilometern. Die letzte Fahrt der Remscheider Straßenbahn in den 1970er Jahren fand unter großer Anteilnahme der Bevölkerung statt. Zum Andenken liegen heute Stücke der Gleise auf der Alten Bismarckstraße in Höhe der alten Haltestelle Markt, neben der Hesseninsel.

69. Straßenbahnfahrer unter Strom

Trotz vieler rührseliger Erinnerungen der Remscheider an ihre Straßenbahn – der Komfort in den ersten Waggons ließ zu wünschen übrig. Die Fahrgäste mussten ohne Fensterscheiben auskommen, sodass sie weder vor Regen noch Wind geschützt waren. Noch schlimmer traf es den Fahrer, denn durch die schlechte Unterboden-Isolierung passierte es nicht selten, dass er in seiner Fahrerkabine bei feuchter Witterung leichte Stromschläge bekam. In der zweiten Produktionsserie wurde schon auf mehr Komfort geachtet, es gab immerhin Wettervorhänge vor den noch offenen Fenstern und die gepolsterten Sitzplätze waren schwenkbar, sodass sich die Fahrgäste der Fahrtrichtung anpassen konnten.

70. Das Saxo

Die heutige „Saxo Bar“ ist die älteste durchgängig gastronomisch betriebene Kneipe Remscheids. Da es früher üblich war, in einer Gaststätte auch Essen anzubieten, gab es einen Speiseaufzug in die erste Etage zur Küche, wo sich heute die Toiletten befinden. Das Saxo wechselte einige Male Besitzer und Namen: 1960 hieß es noch „Füchschen", 1965 dann „Krokodil" und seit 1981 heißt es „Brick-House Saxobar". Dort gibt es seit 1987 jeden Dienstagabend den Erdnussabend. Die Gäste können kostenfrei Erdnüsse verspeisen und dürfen die Schalen auf den Boden werfen. Die zertretenen Schalen sollen zur Pflege des Holzbodens dienen. Seit 2005 gibt es dort viele Whisky-Spezialitäten und Tastings – das Saxo gilt als eine der besten Whisky-Kneipen Deutschlands.

71. Diskotheken

Diskothekennamen, die jeder Remscheider, der etwas auf sich hält, kennen sollte:

Big Pub
Ibach
Capri
Sirius
Bismarckplatz
Deja Vu
Schnarchhahn
(Saiten-) Sprung

Adoptiert hätten die Remscheider gerne auch die unter der Müngstener Brücke gelegene Diskothek „Exit". Diese Kultstätte befand sich aber auf der anderen Seite der Wupper und somit auf der Solinger Seite. Im Herzen der Remscheider ist sie aber heute noch.

72. Stadtkirche

Der erste Fronhof, sozusagen die „Keimzelle Alt-Remscheids", entstand an einem Quellteich in der Nähe der heutigen Stadtkirche an der Kirchhofstraße. Zu diesem Fronhof gehörte bereits im 11. Jahrhundert eine kleine Kirche. In dieser wurden Gottesdienste und Begräbnisse veranstaltet, da es zu dieser Zeit üblich war, Bestattungen im Kirchraum durchzuführen. Je nach Stand innerhalb der Gesellschaft befand sich das Grab inner- oder außerhalb der Kirche. Das „Geschlöngs" wurde weiter entfernt beigesetzt. Bis 1761 wurde noch unmittelbar in der Kirche bestattet, erst 1780 wurden dann neue Friedhöfe außerhalb des Gebäudes angelegt. Im Jahr 1979 wurde die Kirche umfassend umgebaut, dabei legten die Bauarbeiter etliche Gebeine und das Fundament des kleinen Kirchleins frei.

Heute ist die Kirchengemeinde die älteste evangelische in Remscheid. Reformiert wurde sie in den Jahren 1565 bis 1598 durch das Wirken des Pastors Ambrosius Vaßbender. In den Jahren 1871/72 spaltete sich die Hastener Gemeinde von der Evangelischen Gemeinde Remscheid. Seitdem gab es auf dem Remscheider Stadtgebiet über viele Jahre zwei evangelische Gemeinden: die „Filiale" Hasten und die Evangelische Gemeinde Remscheid. Erst 2012 beschlossen die Gemeinden eine Wiedervereinigung, um die kirchliche Arbeit langfristig zu sichern.

73. St. Suitbertus

Die St. Suitbertus Kirche wurde als dreischiffige Basilika in den Jahren 1883 bis 1885 im neuromanischen Stil erbaut. Die zuvor selbstständigen Kirchengemeinden St. Engelbert, St. Marien, St. Suitbertus und St. Josef schlossen sich 2011 zur Pfarrei St. Suitbertus zusammen. Mit der roten Außenfassade und dem Glockenturm fällt die Kirche in der Nähe des Markts in der Remscheider Innenstadt direkt ins Auge. Besonders beeindruckend ist die imposante Orgel der Kirche.

74. Kerkhofgeschichten

Die Friedhöfe und Beerdigungskultur sind immer ein Spiegel der jeweiligen Zeit in Remscheid. Der Evangelische Stadtfriedhof in der Kirchhofstraße wurde im Jahr 1801 angelegt. Vorher war es üblich, die Toten um das Kirchenschiff zu beerdigen. Aus hygienischen Gründen wurde dies per Erlass verboten. Es war kaum mehr möglich die Geruchsentwicklung im Kircheninneren einzudämmen.

Bei der Restaurierung der Stadtkirche im Jahr 1979 fand man unter den Bodenplatten eine Vielzahl an Tonpfeifen. Die Totengräber hatten beim Ausheben neuer Gräber mit dem Rauchen der Pfeifen versucht, den Geruch der Leichen zu überdecken und so ihre Arbeit erträglicher zu machen. Der Transport der Verstorbenen wurde mit Pferdekarren bewältigt und führte häufig zu Staus. Bis zur Entstehung des Friedhofs beerdigte man nun um die Kirche herum, im Kirchhof (Kerkhof). In den zeitgenössischen Berichten liest man heute allerhand Skurriles über die damaligen Umstände. So wurden die Totengräber zum Beispiel als „Söffer und Schläger" betitelt, fielen durch Trunkenheit bei Beerdigungen auf oder schickten gar ihre Töchter sonntags zum Kerkhof um dort Brötchen zu verkaufen. Aber auch die Bevölkerung scheint in Sachen Pietät nicht zimperlich gewesen zu sein:

Das Rauchen bei Beerdigungen und der Diebstahl von Kerzen entwickelten sich zu einem echten Problem.

75. Hasenclever Engel

Viele bedeutende Remscheider wurden auf dem Stadtfriedhof begraben. Unter anderem Helene und Wilhelm Kipper, Adolf Alexander, Daniel Schürmann, Carl Wilhelm Stockden, Carl Friedrichs, Fritz Korff, Franz Ziegler, die Familie Böker sowie Helmut und Hildegard Frantzen.

Ein besonders beeindruckender Grabstein ist der „Hasenclever Engel“ der Familie Johann Bernhard Hasenclever. Der Bildhauer Karl Jannsen erschuf im Jahr 1902 den weißen Marmor-Engel nach Vorbild des posaunentragenden Auferstehungsengels. Die Figur selbst hat eine Höhe von 2,70 Metern und steht auf einem 1,30 Meter hohen Sockel. In ein Gewand gehüllt und mit ausgebreiteten Flügeln auf einem Thron sitzend, hält der Engel eine „Lure“ (posaunenähnliches Instrument) in der Hand. Der Hasenclever-Engel wurde 1988 unter Denkmalschutz gestellt. Die zu der eigentlichen Grabstätte gehörenden Gräber wurden eingeebnet, und die Einfassung mit Hecke und Tor wurde entfernt. Ein Memoriam für Urnen wurde angelegt. In der Halloweennacht von 2014 wurde der Engel beschädigt, zwei Finger und ein Mundstück der Posaune wurden gestohlen. Einen Großteil der Reparaturkosten von 15.000 Euro übernahm ein Nachfahre des Bildhauers, der Rest kam durch Spenden engagierter Bürger zusammen.

76. Grab des unbekannten Soldaten

Der Stadtfriedhof in Alt-Remscheid wird seit Jahrzenten von der Friedhofsgärtnerei Wörner gestaltet und gepflegt. Drei Generationen der Friedhofsgärtner wunderten sich über das Grab eines Albert Kunzner (1873-1919). Es war stets gepflegt, doch es waren keine Verwandten bekannt oder je gesehen. Bei Recherchen zu einer Friedhofsführung kam heraus, dass es sich um einen Soldaten handelte, der nach dem Ersten Weltkrieg nach Remscheid zurückkehrte und später im Kreise der Familie verstarb.

77. Bombe auf dem Friedhof

An einem gewöhnlichen Arbeitstag im Jahr 2010 stießen Friedhofsgärtner beim Ausheben eines Grabes auf dem Evangelischen Stadtfriedhof auf etwas Hartes. Schnell stellte sich heraus, dass es sich nicht etwa um einen „Holscheidsberger Knubben", sondern um eine Fliegerbombe aus dem Zweiten Weltkrieg handelte. Der Kampfmittelräumdienst wurde benachrichtigt und begutachtete den Fund. Der Blindgänger war mit einem Zeitzünder versehen, weshalb unmittelbar eine Evakuierung im Radius von 250 Metern veranlasst wurde, um die Zehn-Zentner-Bombe schnellstmöglich zu entschärfen. In den Abendstunden gelang dies und die 560 Bewohner konnten in ihre Wohnungen zurückkehren.

78. Ein steiles Stück

Viele Leute glauben, dass das „Bergische Land" seinen Namen aufgrund der bergigen Landschaft trägt. Auch wenn dies nicht der Fall ist, hat Remscheid in Bezug auf Höhenmeter einige Superlative zu bieten. Die Innenstadt ist die höchstgelegene aller Großstädte nördlich der Donau. Die ehemalige Straßenbahn hatte an der „Alten Bismarckstraße" eine Steigung von 10,6 Prozent zu überwinden und die nahegelegene Dorfmühler Straße ist mit 24 Prozent Steigung die steilste innerstädtisch befahrbare Straße Europas.

79. Remscheider Pils

Die Familie Kipper begann im Jahr 1837 für den privaten Gebrauch Bier zu brauen. Dieses war so beliebt, dass sich die Bierpioniere entschlossen, das Unternehmen „Brauerei Carl Kipper" in der Kipperstraße zu eröffnen. 1901 wurde dort das erste Flaschenbier abgefüllt. Ab 1977 unter dem Namen „Brauerei C.W. Kipper" firmierend, hielt sich das Unternehmen noch weitere Jahre an dieser Stelle, musste im Jahr 1993 jedoch letztlich schließen. Das Gebäude der Brauerei stand lange Zeit leer und wurde Anfang der 2000er Jahre dann endgültig abgerissen.

Im Jahr 2014 beschlossen zwei junge Remscheider der Hopfen-und-Malz-Durststrecke ein Ende zu bereiten und brachten ihr naturtrübes „Remscheider Bräu" mit großem Erfolg auf den Markt. Viele Remscheider sind nach wie vor stolz, ein in der eigenen Stadt gebrautes Bier zu trinken.

80. Willy-Brandt-Platz

Der Remscheider Bahnhof, zunächst Endbahnhof, musste wegen einer Streckenverlängerung zum Hasten hin im Jahr 1884 umgebaut werden. Die Modernisierung betraf allerdings nicht das Bahnhofsgebäude, welches die Bürger „Zigarrenkiste“ oder lieblos „Bretterbude“ nannten. Die Kapazitäten waren dem hohen Fahrgastaufkommen nicht gewachsen, Fahrkarten konnten nicht schnell genug verkauft werden und so blieben Reisende immer wieder buchstäblich auf der Strecke. Im Krieg wurde das Gebäude schwer getroffen und in den 1950er Jahren abgerissen, um einem Neubau zu weichen. Im Jahr 1983 entstanden neben dem Bahnhof die großen dunklen Hochhäuser, die wegen ihrer Optik „Schwarze Gesellen“ genannt werden.

2009 wich das Bahnhofsgebäude dem „Brücken Center“ mit Geschäften, Gastronomie und Parkmöglichkeiten. Zwei Wartemodule am Bahnsteig und Fahrscheinautomaten blieben den Bahnreisenden. Ein beliebtes Fotomotiv stellt der ebenfalls neu gestaltete Busbahnhof in der Nähe des Hauptbahnhofes dar. Im Frühjahr blühen dort die Kirschblütenbäume in voller Pracht.

81. Der Remscheid-Zug

Im Jahr 2014 erhielt ein Triebzug der Linie S7 den ersten Eigennamen. Feierlich wurde er auf den Namen „Remscheid“ getauft. Er ist einer von neun Zügen, den die Abellio GmbH im Auftrag des Verkehrsverbundes Rhein-Ruhr auf der Strecke Wuppertal-Remscheid-Solingen einsetzt. Ob sich der Name positiv auf die Pünktlichkeit auswirkt, ist nicht bekannt.

82. Tanzen in Remscheid

Das Tanzen erlernten die Remscheider früher von einem Dangksmi'ester. Sonntags traf man sich im Wald, tanzte zu Ziehharmonika-Klängen und vergnügte sich dabei. Öffentliche Tanzveranstaltungen nannte man „Fuch“.

Zwischen den 1960er und 1980er Jahren entwickelten sich die Tanzschulen zum Treffpunkt für Jugendliche. Lange bevor es Diskotheken gab, traf man sich in den Tanzschulen Remscheids, der erste Kontakt zum anderen Geschlecht wurde zumeist dort geknüpft. Die zwei bekanntesten Tanzschulen sind die Tanzschule Wieber und die frühere Tanzschule Liedtke, zwischen denen seit jeher ein gesunder Konkurrenzkampf herrschte. Unzählige junge Leute lernten dort das Tanzen, Freundschaften und Beziehungen begannen dort. Die Tanzschule Wieber strebte bald einen progressiveren Kurs an, und so wurde der traditionelle Samstags-Tanztee in eine „Gammelparty“ umbenannt. Die Eltern waren empört, die jungen Leute begeistert.

Die sich wandelnde Musik brachte auch einen Umschwung in der Tanzwelt mit sich. Heute sind Standardtänze nicht mehr so stark gefragt wie früher, und besonders junge Männer lassen sich schwerer für das Tanzen begeistern.

83. Musik- und Kunstschule

Die Musik- und Kunstschule Remscheids wurde 1953 als eine der ersten Musikschulen nach dem Zweiten Weltkrieg in Deutschland gegründet. Bereits in den ersten Monaten gewann Schulleiter Karl Lorenz über 1.000 Schüler und Schülerinnen für den

Musikunterricht. Nachdem zunächst Privatmusiklehrer tätig waren, wurden bereits zum Ende der 1950er Jahre hauptamtliche Lehrkräfte beschäftigt. In den 1960er und 1970er Jahren wuchsen Angebot und Kollegium stetig an, sodass die Musikschule bald größere Räumlichkeiten in der Remscheider Innenstadt bezog. Das heutige Angebot richtet sich an Kleinkinder ab zwei Jahren (musikalische Früherziehung) ebenso wie an Jugendliche und Erwachsene.

84. Volkshochschule

Die Volkshochschule Remscheid ist eine Weiterbildungseinrichtung für Jugendliche und Erwachsene und besteht in Remscheid seit 1919. Sogar Joseph Beuys hielt hier in den 1970er Jahren Vorträge. Zahlreiche Weiterbildungsangebote und Kurse zu verschiedenen Themen vermitteln nicht nur Wissen, sondern sollen auch die Persönlichkeitsbildung unterstützen. In dem Gebäude an der Elberfelder Straße mit der modernen Glasfassade werden die Kurse stetig ausgeweitet. Seit 2012 wird die Volkshochschule bei der Stadtverwaltung gemeinsam mit der Musik- und Kunstschule sowie der Stadtbibliothek als „Kommunales Bildungszentrum" geführt.

85. Bibliothek

Die erste Bücherei Remscheids geht zurück auf eine Initiative Carl Friedrichs. Im Jahr 1901 legte er den Grundstock zu einer Stiftung, die finanziell für die Bücherei zuständig war. Er selbst machte die Auflage, dass das Leseangebot politisch frei sein sollte und die Stadt die Räumlichkeiten zu stellen hatte. Die Leserschaft kam hauptsächlich aus Arbeiterkreisen, die sonst keinen Zugang zu Literatur hatten.

Die erste Bücherei fand Platz in einer Schule an der jetzigen Kirchhofstraße und zog anschließend in die Scharffstraße. Von 1947 bis 1966 war die Bücherei in dem Gebäude der heutigen Musik- und Kunstschule untergebracht und daraufhin wieder in der Scharffstraße, wo sie bis heute steht. Die heutige Zentralbibliothek umfasst 150.000 Medien zur Weiterbildung, Freizeitgestaltung und Leseförderung. Die Zentralbibliothek war schon immer sehr innovativ, so hatte Remscheid den ersten Bücherbus Deutschlands und eine freie Büchertauschstelle in einer Telefonzelle. Neu ist seit 2014 eine 24-Stunden-Rückgabe von Medien. Neben der Zentralbibliothek gibt es im Remscheider Stadtgebiet außerdem Stadtteilbibliotheken in Lennep und Lüttringhausen.

86. Teo Otto Theater

Das Remscheider Stadttheater wurde nach dem bekanntesten deutschen Bühnenbildner des 20. Jahrhunderts, Teo Otto, benannt. Er wurde 1904 in Remscheid geboren und arbeitete bis zu seinem Tod an über 800 Inszenierungen im In- und Ausland. Schon im Alter von 27 Jahren war er Ausstattungschef des preußischen Staatstheaters. Im Jahr 1933 wurde er auf Grund seiner Nähe zur KPD entlassen und verfolgt. Er emigrierte in die Schweiz und setzte seine Arbeit fort. Die Vereinigung der Verfolgten des Naziregimes schenkte Remscheid später ein Gemälde des Künstlers Teo Otto. Das Teo Otto Theater der Stadt Remscheid hat 619 Sitzplätze und bietet einen internationalen Spielplan.

87. „Kall nit talk"

Nach dem Vorbild des „Kölner Treffs" mit Dieter Thoma und Alfred Biolek bekam Remscheid Anfang der 1980er Jahre eine eigene Talkshow. Unter dem Namen „Kall nit talk" lud Horst Kläuser von 1982 bis 1990 regelmäßig in das Teo Otto Theater ein. Bei der Talkshow in gemütlichem Kreis sitzen Moderator und Gast zusammen auf einer Couch auf der Bühne. Das Publikum sitzt in nächster Nähe mit auf der Bühne des großen Theaters, die Theatersitze bleiben leer. Nach langer Pause legte Horst Kläuser die Gesprächsrunde inklusive Original-Sofa im Jahr 2012 neu auf. Der gebürtige Remscheider Journalist machte seine ersten Schritte beim Remscheider General-Anzeiger und ist heute zahlreichen WDR 2-Hörern bestens bekannt.

88. 16 Bäume, 16 Länder

An diesem Ort eilen hunderte Remscheider tagtäglich vorbei, die wenigsten werden es wahrgenommen haben. Gleich gegenüber dem Teo Otto Theater wurde im Jahr 2001 unter Oberbürgermeister Fred Schulz der Pfad der Bundesländer angelegt. Symbolisch für alle 16 Bundesländer steht hier ein landestypischer Baum. Eine Steinstele mit Messingplakette verrät alle wichtigen Informationen über Größe, Einwohnerzahl, Landeshauptstadt und Wappen. Zudem findet sich eine Deutschlandkarte auf einem großen Findling neben der Bushaltestelle. Übrigens auch ein idealer Ort für Grundschulkinder, die die Bundesländer pauken müssen.

Eine Traumfrau wie meine Lena sieht nicht nur bildhübsch aus, sie kennt sich hier anscheinend auch wirklich gut aus. Mein nächster Weg führt mich zu einem Bioladen in der Hindenburgstraße, den sie mir kurz vor unserer Verabschiedung empfohlen hat. Dort soll es einen köstlichen bergischen Apfelsaft geben. Ich beschließe, danach auf eine Erkundungstour in Richtung Stadtpark zu gehen.

89. Hindenburgstraße

Die Hindenburgstraße, früher Hof Scheid, bestand in ihren Ursprüngen vorwiegend aus Bauernhöfen. Auch eine Feilenhauer-Werkstatt und ein Bürgerhaus mit Schmiede sind urkundlich bekannt. Frankreichs Reparationszahlungen nach dem Krieg von 1870/71 lösten in der Hindenburgstraße, wie auch andernorts, einen großen Bauboom aus. Die kleinen Schiefer- und Fachwerkhäuschen mussten mehrgeschossigen Steinbauten weichen. Die gründerzeitlichen Bauten wurden auf Grund der vorhandenen finanziellen Mittel reich mit Stuck verziert und ergaben in ihrer Gesamtheit bald eine der prächtigsten Straßen Remscheids. Die Bombennacht von 1943 verschonte jedoch auch die Hindenburgstraße nicht, viele der Prachtbauten wurden Opfer des Krieges. Einige Häuser sind jedoch bis heute erhalten und fallen mit ihren Verzierungen zwischen den 1950er-Jahre-Bauten besonders auf. Das erste Wohnhochhaus Remscheids wurde 1954 mit dem „Glückauf-Haus" an der Hindenburgstraße gebaut. Die „Interessengemeinschaft Hindenburgstraße" will die Straße attraktiver machen und organisiert unter anderem jährlich ein großes Pfingstfest unter Beteiligung der Geschäftsleute und Anwohner. Auch am Dienstag nach Totensonntag erstrahlt die Hindenburgstraße beim Lichterfest in besonderem Glanz.

90. Top 3 Trödelmärkte

„Das Trödeln mit alten Kleidern, altem Hausgerät und sonstigem Plunder“ war schon seit jeher eine beliebte Freizeitbeschäftigung der Remscheider. Auch heute noch wird auf zahlreichen Trödelmärkten gefeilscht:

Pfingst- & Herbsttrödel
Die Hindenburgstraße lädt jährlich zu Pfingsten und dem Tag der Deutschen Einheit zu großen Trödelmärkten ein. Neben allerhand Trödel und Neuware gibt es auch Live-Musik und leckere Speisen.

Trödelmärkte Alt-Remscheid
Trödelfans finden in den Sommermonaten fast jedes Wochenende einen großen Markt. Besonders beliebt ist der Trödel auf dem Remscheider Schützenplatz sowie auf dem Parkplatz des Möbelhauses Knappstein.

Ostertrödelmarkt
Jährlich findet zu Ostern auf der Alleestraße ein großer Trödelmarkt statt. Verschiedene Gastronomen sowie Schausteller sorgen für Genuss und gute Unterhaltung.

91. Gertrud-Bäumer-Gymnasium

Dank des Einsatzes von Pfarrer Wülfing und Kaufmann Luckhaus gründete sich 1853 eine private Töchterschule in der heutigen Elberfelder Straße. Der Unterricht begann mit 14 Schülerinnen. Die Bevölkerungszahl Remscheids und der Bedarf an Bildung stiegen, sodass nach mehreren Umzügen in der Stuttgarter Straße ein modernes Schulgebäude für 283 Schülerinnen erbaut wurde. Bei der Bombardierung 1943 brannte das Gebäude aus. Nach mehreren Notlösungen zogen die Mädchen zum Unterricht in das leerstehende, nur teilweise zerstörte Gebäude der Jungenschule an der Hindenburgstraße ein. Strenge Sitten erlaubten natürlich keinen gemeinsamen Unterricht, und auch die Vermeidung zufälliger Begegnungen beider Geschlechter war eine der Hauptaufgaben der Lehrkräfte. Der Unterricht wurde in unterschiedlichen Gebäudetrakten abgehalten. Um auch in den Pausen den Kontakt zu vermeiden, wurde der Schulhof mit einer weißen Linie in zwei Hälften getrennt, eine für Jungen, eine für Mädchen. Jedes Überschreiten der Linie ahndete die Pausenaufsicht streng. Trotzdem gelangten immer wieder kleine Zettelchen und Botschaften unbemerkt über die Linie. Heute lernen in der Hindenburgstraße Mädchen und Jungen gemeinsam.

92. Skurriler Fund

Im Dezember 2002 wurden Schüler des Gertrud-Bäumer-Gymnasiums aufgefordert, ihre Schule aufzuräumen. Während der Reinigungsaktion verirrten sich einige der Schüler in den fünften Stock des Gebäudes, wo sie in einer Kammer zwischen Putzmitteln und Theaterrequisiten einen erstaunlichen Fund machten – ein Skelett.

Als sich herausstellte, dass es sich um ein echtes menschliches Skelett handelte, das tatsächlich mal zu Unterrichtszwecken genutzt wurde, war die Aufregung in Remscheid groß. Der Skandal ging durch die Medien, die Staatsanwaltschaft schaltete sich ein und nahm Untersuchungen auf. Das Deutsche Röntgen-Museum gab an, ebenfalls zwei echte Skelette zu besitzen. Ebenso wie das Leibniz-Gymnasium, wo ein Skelett sogar noch im täglichen Gebrauch war. Damals vermutete man, dass es sich um ehemalige KZ-Opfer handeln könnte, deren Körper als Ausstellungsstück missbraucht wurden. Im weiteren Verlauf der Ermittlungen erklärte dann eine ehemalige Lehrerin, dass das Skelett im Gertrud-Bäumer-Gymnasium schon zu ihrer Schulzeit weit vor dem Zweiten Weltkrieg in Gebrauch gewesen sei und widerlegte somit die Theorie. Alle Remscheider Schulskelette wurden schließlich auf dem Reinshagener Friedhof beigesetzt.

93. Martin-Luther-Kirche

Die Martin-Luther-Kirche in der gleichnamigen Straße besteht vom Aufbau und der Architektur im neugotischen Stil her bereits seit 1894. Es ist eines der wenigen Bauwerke, die in der Bombennacht im Zweiten Weltkrieg nicht zerstört wurden. Die meisten jungen Konfirmanden in der Nachkriegszeit wurden dort konfirmiert, da andere Kirchen zerstört waren. Im Laufe der Jahre musste die Kirche immer wieder saniert werden. Durch die große Spendenbereitschaft der Remscheider konnten auch die Glocken im Turm erneuert werden und läuten seit 2009 wieder. In der Lutherkirche finden neben Gottesdiensten regelmäßig Konzerte statt.

94. Polizeiwache am Quimperplatz

Das Polizeigebäude am Quimperplatz wurde 1926 als Polizeikaserne eingeweiht. Ursprünglich wurde es für 200 Bedienstete gebaut. Plastiken der Bildhauer Josef Sommer und Arnold Breker zieren die Außenfassade. Es gab ein Wohngebäude für die Beamten, ein Bereitschaftsgebäude und einen Verwaltungstrakt. Im Hof befanden sich Pferdestall, Autogarage, Werkstatt und Turngebäude. Mit der Machtergreifung der Nationalsozialisten 1933 wurde die Polizeidienststelle zur Gestapo-Nebenstelle, untergeordnet der Gestapo Außenstelle Wuppertal und der Gestapoleitstelle Düsseldorf. Rund 200 Personen waren dort zu dieser Zeit aus religiösen und politischen Gründen eingekerkert. Mit sogenannten „verschärften Vernehmungen" sollten besonders Mitwirkende des politischen Widerstands zu Geständnissen und Verrat an Kameraden gezwungen werden. Stockschläge, Essens- und Wasserentzug, Bedrohung mit Pistolen und Schlafentzug waren an der Tagesordnung. Besonders gefürchtet war unter den Inhaftierten das Vernehmungszimmer 110, in dem ein menschliches Skelett als latente Bedrohung den Aussagen der Beschuldigten nachhelfen sollte. Für viele Inhaftierte ging es aus dieser Gestapo-Nebenstelle zum Konzentrationslager Kemna bei Wuppertal. Viel zu oft eine Fahrt ohne Wiederkehr. Zum Gedenken an die Opfer des Naziregimes und die grausamen Folterungen in diesem Gebäude wurde eine Gedenktafel an der Einfahrt zum Innenhof angebracht.

95. Stolpersteine

In Remscheid stolpert man wie in vielen anderen deutschen und europäischen Städten über in den Fußweg eingelassene Gedenktafeln aus Messing. Der Künstler Gunter Demnig aus Köln erinnert auf diese Weise seit dem Jahr 2000 an die Opfer der NS-Zeit. An dem letzten selbstgewählten Wohnort der Opfer wurde ein sogenannter Stolperstein mit eingraviertem Namen, Geburts- und Todestag sowie -ort in den Boden eingelassen.

1933 lebten etwa 300 Juden in Remscheid, von denen nachgewiesen 160 ermordet wurden, andere flohen oder überlebten in Gefangenschaft. Mehr als 160 Stolpersteine weisen in Remscheid und seinen Stadtteilen auf die Menschen hin, die verfolgt, ermordet, deportiert, vertrieben oder in den Suizid getrieben wurden. Nicht nur an die verfolgten Juden, sondern generell an regimekritische Personen soll erinnert werden.

Im gesamten Stadtgebiet pflegt der Remscheider Johann Max Franzen die Stolpersteine, putzt und poliert diese regelmäßig ehrenamtlich. In insgesamt 1.600 Orten in Europa wurden mittlerweile über 55.000 dieser Steine verlegt.

96. Stadtpark

Die größte Parkanlage Remscheids bildet mit 16,5 Hektar der Stadtpark in der Remscheider Innenstadt. Den ursprünglichen „Bürgerpark" verdankt die Stadt engagierten Bürgern, die sich 1885 zum „Verschönerungsverein Remscheid" zusammenschlossen. Als Gründer des Stadtparks gelten Carl Hessenbruch, Johann Peter Arns und Julius Koch. Nach Fertigstellung wurde der

Park der Stadt geschenkt, mit der Auflage diesen zu pflegen und für immer den Bürgern zur Verfügung zu stellen.

In der Parkanlage findet man zwischen den waldartigen Bereichen eine Veranstaltungsbühne, die Konzertmuschel, einen Spielplatz und mehrere Denkmäler. Viele Remscheider verbinden schöne Erinnerungen mit Ausflügen und Veranstaltungen im Stadtpark. Besonders die Hundefreilauffläche erfreut sich heute großer Beliebtheit. In diesem ganz besonderen Mikrokosmos aus „Frauchens und Herrchens“ wird alles besprochen, was der Community zu Zwei- und Vierbeinern relevant erscheint. Eine besondere Erinnerung wurde den Remscheidern im Jahr 2014 mit der Entfernung des „Rübezahl-Felsen“ geraubt, da dieser die Technischen Betriebe bei der Pflege der Grünflächen störte. Das Gestein, das Holscheidsberger Knubben genannt wird, soll ein Gesicht gezeigt haben und wurde seit Jahrzehnten bestaunt.

97. Pöhlsches Schieten

Das „Pöhlsches Schieten“ war eine traditionelle Freizeitbeschäftigung der Arbeiter im Bergischen Land. Mit Sägeblätterrohlingen spielten sie eine Art „Boule“. Auf einem Pöhlschen (Holzklotz) lagen Münzen, denen man mit dem Wurf eines Sägeblattrohlings möglichst nahekommen musste. Im Idealfall schaffte man es, die Münzen runterzuwerfen und auf die Scheiben zu bekommen. Wichtig ist, dass man bei diesem Spiel auch jemanden disqualifizieren konnte, in dem man seine eigene Scheibe direkt auf die Scheibe des Gegners warf und laut „Plätt aaf“ rief. Dieses Spiel wurde oft in Firmenpausen gespielt, jedoch verlor sich die Tradition im Laufe der Jahre. Ernst Otto Mähler machte 1999 das „Pöhlsches Schieten“ wieder salonfähig. Seitdem finden regelmäßig Meisterschaften im Stadtpark auf der „Pöhlsches-Schieter-Bahn“ statt.

98. Dr. Hans Schäfer Sternwarte

Als Otto von Bismarck im Jahr 1898 verstarb, wurden ihm zu Ehren 420 Türme im ganzen Land erbaut. Remscheid bekam auch einen, den 27 Meter hohen Turm am Stadtpark, der ursprünglich mit dem Bismarckkopf versehen war. Für zehn Pfennig konnte man den Aussichtsturm besteigen und die Aussicht über das Bergische Land genießen. Im Zweiten Weltkrieg wurde der Turm für die Zivilbevölkerung geschlossen, da er als Beobachtungsposten der Luftwaffe genutzt wurde.

Der Physiklehrer Hans Schäfer hielt bereits nach dem Krieg Vorträge über Astronomie und bot Beobachtungen durch mobile Fernrohre an. Er strebte die astronomische Volksbildung in Remscheid an und gab durch sein Engagement entscheidende Impulse. Seit Mitte der 1950er Jahre trat er als geduldiger Verfechter einer Volkssternwarte auf.

Nach Verhandlungen mit der Stadtverwaltung und einer großzügigen Spende wurde 1968 auf dem ehemaligen Bismarckturm eine Kuppel errichtet und mit einem Teleskop mit 278-facher Vergrößerung ausgestattet. 1985 wurde der Bismarckturm in Dr. Hans Schäfer Sternwarte umbenannt. Über 60.000 Menschen bewunderten dort schon den Sternenhimmel.

99. Hofkirmessen

Was in Köln der Karneval ist, war früher in Remscheid die Kirmes. Wenn auf dem Schützenplatz der Rummel eintraf mit Verkaufsbuden, Zirkus, Karussells und anderen Sensationen, waren die Remscheider nicht mehr zu halten. Neben der großen Kirmes gab es bereits seit dem 18. Jahrhundert Hofkirmessen. Das damalige Kirmesvergnügen bestand größtenteils aus dem Trinken von Branntwein und aus Karten spielen. Die französischen Besatzer waren besorgt über die zahlreichen Kirmessen, bei denen manche Familienväter ihr gesamtes Geld verprassten. Deshalb ordnete der Bürgermeister 1816 an, alle Kirmessen im Juli auf ein Wochenende zu einer Hauptkirmes zusammenzulegen.

100. Kirmes auf dem Schützenplatz

Seit 1902 findet die große Remscheider Kirmes traditionell im Juli auf dem Schützenplatz statt. Ausrichter ist der Remscheider Schützenverein, der zeitgleich sein Schützenfest feiert. Nach dem Zweiten Weltkrieg entwickelte sich die Kirmes zu der größten im Bergischen Land, mit hoher Bedeutung für die gesamte Bevölkerung. Die geschmückte Stadt lebte im Ausnahmezustand, Geschäfte und Schulen blieben geschlossen und Arbeiter bekamen bis zu drei Mark Kirmesgeld ausgezahlt. Attraktionen wie Irrgärten, Riesenrad, Tierbändiger, Ringkämpfer und Motorradfahren an der Todeswand für 20 Pfennig lockten bis zu 200.000 Besucher. Heute kämpft die Kirmes um die Besucher. Viele Schausteller haben ihren Platz bei der riesigen Rheinkirmes gefunden. Die großen Höhenfeuerwerke sind aber nach wie vor, im wahrsten

Sinne des Wortes, Höhepunkt des Festes. Der Schützenplatz wird auch für Trödelmärkte, Zirkusvorstellungen und andere Freizeitattraktionen genutzt.

101. Stinthengst

Eine alte Sage von Fischfängern aus der Stadt Nikolaiken besagt, wer den König der Fische – einen Stinthengst mit goldener Krone – einfängt, der darf sich etwas wünschen. Und tatsächlich bekamen Fischfänger diesen eines Tages in ihr Netz. Statt den Fisch zu essen, hielten sie den König der Stinthengste im Stadtgraben und wünschten sich für alle Ewigkeiten guten Fischfang.

Vertriebene aus dem Partnerkreis Sensburg brachten diese Sage mit nach Remscheid. Seit über 50 Jahren wird in Remscheid von der Kreisgemeinschaft Sensburg jährlich ein hölzerner Stinthengst mit Krone im Stadtparkteich feierlich zu Wasser gelassen. Diese traditionelle Wasserung soll an die Aufnahme und Integration tausender Heimatvertriebener in Remscheid erinnern.

Im Jahr 2013 musste diese Feierstunde jedoch erstmals ohne den König der Fische stattfinden. Aufgrund des schlechten Zustandes des Stadtparkteiches wurde der hölzerne Fisch entführt und als Mahnmal vor dem Ratssaal des Remscheider Rathauses in Ketten gelegt. Er dürfe erst wieder zu Wasser gelassen werden, wenn der Teich ihm ehrenwürdig saniert wird. Im Anschluss formierte sich der Verein „Heimatpflege Stadtparkteich Remscheid", der Geld für die Sanierung des verschlammten Stadtparkteichs sammelt.

102. WDR 2-Tag

Im Jahr 2014 gewann Remscheid die Veranstaltung „WDR 2 für eine Stadt“. Am 6. September fanden zahlreiche Veranstaltungen statt mit Kochshows, Spielen und Livesendungen. Auf dem Schützenplatz wurde ein in Remscheid bis dato einmaliges Konzert mit internationalen Topstars und 40.000 Zuschauern auf die Beine gestellt – der absolute Höhepunkt des Tages.

Doch diesen bekam Remscheid nicht geschenkt, denn wie auch in anderen Städten mussten die Bürger Aufgaben erfüllen, um den „WDR 2-Tag“ für sich zu gewinnen. Am letzten Finaltag überholten die Remscheider die bis dahin führende Stadt Gladbeck. Gemeinsam besiegten sie einen Robokeeper, lösten ein Bürgermeisterquiz und gewannen die große Stadtaufgabe. Bei dieser sollte alles für die Rückkehr des gestohlenen „Stinthengstes“ in den Stadtparkteich vorbereitet werden. Mit einem großen Wasserbecken, Schiffen, Palmen und einem Fischerchor, der den Hit „Freiheit“ von Marius Müller-Westernhagen sang, wurde auf dem Rathausplatz der Stadtparkteich nachgebildet.

Hasten, Honsberg, Kremenholl

103. Die Filiale

Durch die industrielle Entwicklung stieg die Bevölkerungszahl im 18. und 19. Jahrhundert enorm. Die Stadtkirche wurde für die Gemeindemitglieder zu klein, und so überlegte man für die Bezirke Hasten und Büchel eine eigene Kirche zu bauen. Man versprach sich davon neben den kürzeren Wegen auch, dass sich ein Arzt ansiedeln würde. Besonders für die Kirchgänger, die vorwiegend in Schmieden arbeiteten und durch die Arbeit oft schwerhörig wurden, bot sich eine kleine Kirche an, da man davon ausging, dass sie dort besser hören könnten. Um das Geld zusammen zu bekommen, initiierte man eine Art Sponsoring und verkaufte Kirchenplätze (Bänke) schon vor dem Bau der Kirche. Die wohlhabenden Remscheider gaben Geld für ihren Sitzplatz. Die 150 besten Plätze waren beispielsweise für 50 Taler im Angebot. Weitere 150 Plätze sollten nicht zum Verkauf stehen, sondern vermietet werden. Diese Art Kirchen, als Ableger von größeren Kirchen, heißen Filialkirchen. Deswegen wird der Ortsteil Hasten im Volksmund auch heute noch „die Filiale“ genannt.

104. Büchel

Eine der „Industriequellen" in Alt-Remscheid war der Büchel. Die älteste in sich geschlossene Ortschaft bestand aus kleinen Wohn- und Fabrikationshäusern, einer Schule, Bäckerei und Metzgerei. Besonders sehenswert ist das ehemalige Kaufmannshaus Büchel 6. Neben der baukünstlerischen Gestaltung findet man dort auch den goldenen Engel der Familie Luckhaus als Wetterfahne. In der Pauluskirche hatten die wohlhabenden Bücheler einen eigenen Eingang. Die rechte Tür war für Bücheler, die linke für die Hastener. 1893 wurde der älteste Bescherungsverein dort gegründet, der bis heute existiert, sein Motto lautet „Edel sei der Mensch, hilfreich und gut".

105. Hahneköppen

Die Hofschaft Büchel ist in alten Urkunden das erste Mal 1369 als „Bukel" erwähnt. Schon im 18. Jahrhundert entwickelten sich hier die sogenannten Hofkirmessen, die von Sommer bis Herbst nahezu an jedem Wochenende stattfanden. Trotz des Versuches die kleinen Hofkirmessen einzudämmen, bestand die am Büchel weiter. Eine Tradition, die bis heute gelebt wird, ist das sogenannte „Hahneköppen", bei dem damals noch ein lebender Hahn kopfüber in einen Korb gesteckt wurde. Man versuchte nun, mit verbundenen Augen, den aufgehängten Korb zu treffen und dem Hahn mit einem Schwert den Kopf abzuschlagen. Der Sieger wurde Hahnenkönig der Kirmes. Nach erheblichen Protesten von Tierschützern stieg man später auf bereits getötete Tiere oder Plastikhähne um.

106. Hasten Historic

Der „Verkehrsverein Remscheid-Hasten“ organisiert seit vielen Jahren nicht nur die Kirmes am Hasten, sondern seit 2005 auch eine Oldtimer-Rallye. Bereits im ersten Jahr fanden sich 60 Oldtimer-Fahrer mit ihren beeindruckenden historischen Fahrzeugen am Hasten ein. Die Rallye führt über wechselnde Strecken im Bergischen Land, die Zieleinfahrt ist immer auf dem Remscheider Rathausplatz. Dabei steht nicht nur das gemütliche Fahren im Vordergrund. Jeder Teilnehmer erhält ein Bordbuch, in dem Markierungen in der korrekten Reihenfolge eingezeichnet werden müssen und auch an Stempelkontrollen Halt gemacht werden muss. Die Veranstaltung zieht jedes Jahr viele Oldtimer-Fans zum Finale auf dem Rathausplatz an.

107. Deutsches Werkzeugmuseum

Aus dem Heimatmuseum ist das 1967 eröffnete Deutsche Werkzeugmuseum hervorgegangen. Es zeigt, einzigartig in Deutschland, die Geschichte des Werkzeugs von der Steinzeit bis ins 21. Jahrhundert. Dominant im Erdgeschoss ist die funktionstüchtige Dampfmaschine mit einem vier Meter großen Schwungrad. Außerdem werden die originalen Pilgerwalzen der Firma Mannesmann und der erste Lindenberg Elektrostahlofen präsentiert. Es beherbergt zudem eine umfangreiche Sammlung vom Faustkeil bis zum Zubehör für Werkzeugmaschinen. Der parkähnliche Außenbereich ist mit weiteren Exponaten bestückt.

108. Haus Cleff

Am Hasten in der Cleffstraße befindet sich gleich neben dem Deutschen Werkzeugmuseum das „Haus Cleff“. Das Patrizierhaus wurde von den wohlhabenden Kaufleuten Peter Caspar und Johann Peter Hilger im Jahr 1778 erbaut. Durch den Erwerb der Familie Cleff erhielt es seinen Namen. Seit 1927 befindet sich dort das Remscheider Heimatmuseum, aufgebaut durch Dr. Wilhelm Rees, Stadtarchivar und Autor. Der Verein der Freunde und Förderer des Hauses Cleff kümmert sich heute engagiert um den Erhalt und um ein neues Museumskonzept.

109. Gerstau

An der Gerstau gab es einen sogenannten „Pferdeteich“. An dem Teich waren zwei Hämmer platziert. Einer hieß „Bollerhammer“ und stand dort bis 1925. Er gewann an Berühmtheit durch eine Schiffs- und Achterbahn, die zu der Zeit eine riesige Attraktion waren.

Der findige Hammerschmied Ferdinand Flüs hatte den Bollerhammer um 1900 gemietet und entwickelte die Idee, eine Wasserrutschbahn zu installieren. Ein großes Schiff mit Gerüst und Drahtseilen bildete die Grundlage für die Wasserattraktion. Eine Schneise wurde gerodet, ein Motor mit Drahtwinde und ein Kassenhäuschen wurden installiert. Die bis dahin größte Attraktion des Bergischen Landes wurde mit einem großen Fest eingeweiht. Eine lange Schlange bildete sich vor dem Wartehäuschen, und die Jungfernfahrt stand an. Das Schiff wurde per Wasserkraft und Seilwinde den Hang hochgezogen. Dann löste sich die Kupplung, und 42 Fahrgäste rasten den Hang hinunter. Mit einer riesen Fontäne kam das Schiff im Wasser an und spritzte zur Belustigung der Umherstehenden die Fahrgäste nass. Der Erfolg der Attraktion führte zu einem erbitterten Streit mit der umliegenden Gastronomie; nach zehn Jahren Betrieb wurden die Fahrten eingestellt. Flus' Nachfolger erbaute eine Rodelbahn auf dem Berg, um an den Erfolg seines Vorgängers anzuknüpfen. Die Polizei stufte diese jedoch als lebensgefährlich ein und ließ sie nach nur 14 Tagen schließen. Später wurde der Teich zugeschüttet.

Am 1. November 1901 ereignete sich auf der Strecke Gerstau-Elberfeld ein dramatischer Verkehrsunfall. Der Wagen 17 der Straßenbahn sprang bei Glatteis aus den Schienen und raste gegen die Ufermauer des Morsbachs in der Gerstau. Der Fahrer wurde tödlich verletzt.

110. Clemenshammer

Der „Clemens auf dem Hammer“ ist erstmalig um 1580 erwähnt und war Vorreiter für viele weitere Hämmer, die im Laufe der Zeit in dem Gebiet angesiedelt wurden, wie der Bollerhammer oder der Steffenshammer. Heute wohnen an der Stadtgrenze zu Wuppertal zwischen Alt-Remscheid und Lüttringhausen im Morsbachtal an gleicher Stelle rund 100 Einwohner. Ursprünglich standen hier vier Hammer, von denen nur noch der Steffenshammer übriggeblieben ist.

111. Steffenshammer

Als einziger funktionsfähiger Bergischer Hammer weist der Steffenshammer noch heute die Bauweise aus dem 18. Jahrhundert auf. Der im Gelpebachtal errichtete Hammer wurde bis 1928 noch im industriellen Betrieb für die Herstellung von Werkzeug und Kleineisenwaren genutzt. Heute steht der Steffenshammer repräsentativ für die Bergische Schmiedegeschichte. Durch das Engagement des Fördervereins Steffenshammer e.V. werden der Hammer und die historische Schmiedetechnik weiter erhalten. Bei verschiedenen Veranstaltungen kann man den historischen Hammer besichtigen und die Schmiedekunst bestaunen.

Berg hoch, Berg runter, dann wieder Berg hoch. Also, ich hatte wirklich schon mal leichtere Recherchearbeiten. Trotzdem bin ich begeistert, was allein die Innenstadt zu bieten hat. So viele tolle Geschichten gibt es zu erfahren – und dann noch meine Lena ...

Trotzdem brauche ich ein paar Tage Erholung, ehe ich mich endlich oberschenkeltechnisch wieder fit genug fühle, um motiviert weiter zu machen.

112. Destille Frantzen

Zunächst befand sich die alte Kornbrennerei Gebr. Frantzen an der heutigen Kraftstation. Der Vertrieb von Kornbranntweinen, Weinbränden und Likören lief erst nur über die eigene, später dann auch über andere Gaststätten. Im Jahr 1861 zog die Brennerei in die Alte Freiheitstraße, wo sie sich bis heute befindet. Sie erwarb eine der ersten Dampfmaschinen in Remscheid und bekam einen eigenen Gleisanschluss. Rückwärtig des Gebäudes steht auf den alten Schienen als Ausstellungsstück ein ausrangierter Kesselwagen der Bundesmonopolverwaltung für Branntwein. Fuhrleute spannten vor der Tür ihre Pferde an, und für einen Silbergroschen wurde der Flachmann, der „Platte Kaal“, nachgefüllt. Bis heute gibt es ein Verkaufskontor, und das Museum der Brennerei kann nach vorheriger Anmeldung besichtigt werden.

113. Top 5 Remscheid-Getränke

Die Remscheider lieben das Kaffeetrinken. Aber auch in den zahlreichen Kneipen und Bars wird am liebsten ein Remscheider Bier oder Schnaps getrunken. Ein paar kreative Remscheider Köpfe entwickelten richtige Trend-Getränke:

1. Schlumpfwichse

Der Remscheider Gastwirt „Pino“ hat in Remscheid nicht nur 30 Jahre lang eine Kneipe betrieben, er ist auch Erfinder des blauen Sahnelikörs mit dem speziellen Namen „Schlumpfwichse“, der mittlerweile deutschlandweit gefragt ist.

2. Der Bergische Kaffee

Seit 2015 bietet die Rigano Kaffeerösterei gemeinsam mit der ErlebBar eine selbstkreierte und handwerklich in Remscheid geröstete Kaffeespezialität an. Der Kaffee ist natürlich, bietet ein unvergleichlich tiefes Aroma und ein ganz besonderes Geschmackserlebnis.

3. Remscheider Bräu

Seit 2014 hat Remscheid wieder ein eigenes Bier. Gebraut werden die verschiedenen Sorten des Remscheider Bräu am Hauptbahnhof. Zahlreiche Kneipen bieten das Bier im Ausschank an, in Getränkemärkten kann man es auch in Flaschen erwerben.

4. Destille Frantzen

Der Stachelhauser Korn aus der Destille Frantzen wird in uralten Eichenfässern gelagert und erhält dadurch seine besondere Note. Verkauft wird der Korn im salzgebrannten Steinkrug.

5. Pure Energy

Aus Bergisch Born stammt die Idee eines Remscheider Energydrinks. Während „Pure Energy" in Ländern wie China, Ungarn, Bulgarien oder Metropolen wie Dubai bereits Fuß gefasst hat, soll das Getränk auch in Deutschland präsenter werden.

114. Quatsche

Ursprünglich wurden Freiheits- und Bismarckstraße „Quatsche" oder „Quaatsche" genannt. Später wurde unter dem Begriff auch das Gebiet zum Hauptbahnhof und zur Papenberger Straße hin gefasst. Die Bedeutung ist umstritten: Quatsche bedeutet Matsch oder Modder. Die Ortsbezeichnung wird jedoch meist gedehnt „Quaatsche" ausgesprochen. Quaatschen meint das Tratschen, unnützes Zeug reden und weinerlich Klagen.

Am Anfang der Freiheitstraße von der Bismarckstraße aus befand sich einst eine Wirtschaft, wo bei regelmäßigen Stammtischen viel gequaatscht wurde. Man kann vermuten, dass das Gebiet daher den Namen trägt.

115. Die Kraftstation

Mit Inbetriebnahme der elektrischen Straßenbahn 1893 übernahm eine Kraftstation an der Honsberger Straße deren Versorgung mit Strom. Die Elektrizität hielt erstmals Einzug in Remscheid. Zunächst trieben dort zwei Dampfmaschinen Gleichstromgeneratoren an. Mit Vergrößerung des Fuhrparks wurden schnell mehrere Erweiterungen der Kraftstation nötig. Schon damals waren aber die Kosten für die Energiegewinnung erheblich und die Wirtschaftlichkeit der Straßenbahn wurde ein großes Thema. Man kämpfte sehr mit Schwankungen im Stromverbrauch. Heute kaum vorstellbar, waren die Stoßzeiten der Bahn beispielsweise an die Besuchszeiten des Krankenhauses geknüpft. Um eine Kontinuität in der Stromabnahme zu erreichen, wurde in der Kraftstation später auch Industriestrom für die anliegenden Firmen produziert. Erst 1911 wurde die Kraftstation außer Betrieb gesetzt. Seit Dezember 1987 besteht nun an gleicher Stelle das soziokulturelle Zentrum „Kraftstation" des gleichnamigen Jugendhilfeträgers, der darüber hinaus ein Jugendfreizeitheim und zwei Kindertagesstätten in Remscheid betreibt.

116. Bunker und Boxen

In der Humboldtstraße befindet sich ein Luftschutzbunker aus dem Jahr 1941. Es handelt sich um einen mittlerweile denkmalgeschützten Hochbunker auf zwei Etagen mit einer Grundfläche von 600 Quadratmetern. Die Wandstärke beträgt zwischen 140 und 170 Zentimetern. Ursprünglich planten die Architekten die komplette Außenverputzung und ein Spitzdach. Das Bauwerk hätte sich dadurch optisch in die Restbebauung eingefügt und wäre gut getarnt gewesen. In der Bauphase allerdings erging der eilige Befehl, Geschwindigkeit der Schönheit Vorzug zu geben. So sieht man dort bis heute eine nackte Betonfassade und unter der Dachkante heraussthende Moniereisen.

Mitte 1948 wurde im Bunker ein Kino eröffnet und damit eine „Entfestung“ notwendig. Notausgänge und Fenster wurden installiert. Nach 1960 fand im ehemaligen Bunker der „Boxclub Honsberg“ sein Zuhause, als Trainingsstätte, aber auch als Wettkampfarena. Als Höhepunkt dieser Ära besuchte der Boxer Max Schmeling dieses Domizil. Heute wird im größten Teil des Bunkers ein Museum für Luftschutz-, Luftwaffe- und Kinogeschichte errichtet. Nach Absprache mit dem „Museumsverein Kinobunker“ sind Besichtigungen möglich.

117. Honsberg

Die Wortbedeutung Honsberg entstammt dem Namen „auf dem hohen Berge“. Im Jahr 1887 lebten in einer Zweieinhalb-Zimmer-Wohnung durchschnittlich fünf Personen, in einigen Fällen sogar drei Personen in einem Zimmer. Dazu gab es sogenannte „Kostgänger“, die gegen Geld aufgenommen wurden und sich die Räume mit den Familien teilten. Die Wohnungsnot befand sich auf dem Höhepunkt und die Situation war verheerend. Mit großem Engagement machte sich der Remscheider Industrielle Moritz Böker mit Unterstützung des Rates an die Gründung des ersten „Gemeinnützigen Bauverein Remscheids“. Im Jahr 1920 baute der Verein gemeinsam mit der Stadt Remscheid allein im Stadtteil Honsberg 288 neue Wohneinheiten in 41 Häusern. Jede Erdgeschosswohnung wurde mit Gartenland in Größen von 200 bis 600 Quadratmetern ausgestattet, um den Anbau von Gemüse sowie Kleintierzucht zur Selbstversorgung der Arbeiter zu unterstützen. Mustergärten und die kostenlose Lieferung von gemähtem Gras für die Kaninchen unterstützten die Selbstversorgung. Als innovativ galten die Wohnungen mit eigenem Badezimmer. Der Gemeinschaftssinn prägte das Leben der Arbeiter. So gab es beispielsweise eine Kasse, in welche die Mieter einzahlten um etwaige Reparaturen finanzieren zu können. Der Bildhauer Felix Kupsch aus Berlin verzierte die Siedlung bis ins kleinste Detail mit kunstvollen Figuren über den Haustüren oder Sprüchen im Mauerwerk. Ein Beispiel ist in der Siemensstraße zu finden: „Das Leben ist ein Sauerkraut, wohl dem, der es gesund verdaut". Heute werden die Häuser durch die Nachfolgegesellschaft, der hiesigen GEWAG, verwaltet.

118. Sonnenbad

Nach dem verlorenen Ersten Weltkrieg versuchten junge Menschen ein optimistisches Lebensgefühl zu verbreiten. Wie in vielen Städten gründete sich auch in Remscheid eine städtische Volkshochschule, die mit den Angeboten ihrer Kurse und Freizeitaktivitäten den Nerv der Jugendlichen traf. Als der engagierte Leiter Professor Resch in die KPD eintrat, wurde ihm an der Volkshochschule gekündigt und er gründete die freie Volkshochschule. Durch seine Anhänger, die „Resch-Indianer", wurde schnell eine Hütte unterhalb des Sonnenbads am Honsberg, die sogenannte „Resch-Hütte", zur neuen Versammlungsstätte ausgebaut. Nach dem Beschluss der Nazis, Jugendheime und Versammlungsstätten zu schließen, geriet auch die „Resch-Hütte" ins Visier. Die Honsberger Kommunisten erfuhren davon und schlugen die anrückende Sturmabteilung in die Flucht. Zahlreiche Verhaftungen auf der Seite der Kommunisten waren die Folge des Widerstands.

Heute befindet sich oberhalb der ehemaligen „Resch-Hütte“ der Sportplatz Sonnenbad.

119. Kremenholl

Der Stadtteil Kremenholl oder „Krièmeln“, wie der Remscheider sagt, war ursprünglich ein landwirtschaftliches Gebiet der Bauern. Heimisches Gemüse wie Kappes (Kohl) und Schloot (Salat) wurde angebaut. Heute leben dort etwa 4.000 Einwohner. Der „Initiativkreis Kremenholl“ prägt den Stadtteil seit 1997 mit zahlreichen Aktionen und Projekten.

Ein interessantes Merkmal des Stadtteils sind die Straßennamen, die nahezu ausschließlich (Vor-)Namen in sich tragen: Paulstraße, Rudolfstraße, Walterstraße, Maxstraße, Moritzstraße und die Karl-Michel Straße.

Weiß irgendjemand, warum?

120. Müöhlendiek

Woher der Mühlenteich am Vieringhauser Bach seinen Namen hat, kann nur vermutet werden. Man kann davon ausgehen, dass dort einst eine Mühle stand, die jedoch urkundlich nicht nachweisbar ist. Der obere Teil des Vieringhauser Baches ist kanalisiert und entsumpft, der Vieringhauser Siepen wird auch Mühlenteichsiepen genannt.

121. Diederichskotten

Als besonders leistungsfähiger Kotten galt der Diederichskotten, der ursprünglich Hens-Jans-Kotten hieß. Dem Kotten stand die Wasserkraft des Vieringhauser Baches, des Kremenholler Stegs und des Lobachs zur Verfügung. Im Laufe der Jahre trug er immer wieder andere Namen, ist aber bis heute als Diederichskotten bekannt. Dies lässt sich darauf zurückführen, dass das Handelshaus Diederichs den Kotten 1780 kaufte. Hauptsächlich wurden in dem Kotten Feilen geschmiedet. Heute ist noch ein Anbau des ehemaligen Kottens erhalten.

122. Denkerschmette

In der ehemaligen Konditorei Kotthaus am Kremenholl gründete sich 2001 die „Denkerschmette" („Denkerschmiede"). Ziel des ehrenamtlich tätigen Vereins ist es, die Kommunikation zwischen den Generationen zu fördern. Das Programm besteht aus kulturellen Veranstaltungen, Kursen, Ausstellungen, politischen Stammtischen und Vorträgen. Besonders beliebt ist der Presseclub, zu dem regelmäßig Remscheider Kommunalpolitiker geladen werden und sich den Fragen der Bürger stellen. Das Interieur aus den 1950er Jahren verleiht der Schmette ein besonders nostalgisches Flair.

123. Alexanderwerk

Als Gussstahlwarenfabrik wurde das Unternehmen von Alexander von der Nahmer 1885 gegründet. Sein Sohn Wilhelm begeisterte sich für eine Fleischschneidemaschine, die er in Amerika kennen gelernt hatte, und baute diese nach. Das unverwüstliche Küchenutensil, der Fleischwolf, trat den erfolgreichen Einzug in die Haushalte der gesamten Republik an. Mit dem Spritzgebäck-Aufsatz wird er noch heute in vielen Familien jedes Jahr zur Weihnachtszeit wieder in den Gebrauch genommen. Der Fleischwolf war aber nur der Anfang einer vielfältigen Küchenmaschinen-Produktion. So entstanden dort auch die „Rührliesel" zum Kneten von Teig, der Zwiebelschneider „Trost der Tränen" oder das Waffeleisen „Klipp-Klapp".

124. Verlobungsweg

Ein lauschiger Fußweg entlang des Bahndamms verbindet die Stadtteile Honsberg und Kremenholl. Von alten Remscheidern wird dieser Weg, mit einem Lächeln, „Verlobungsweg" genannt. Viele junge Pärchen flanierten über den Fußweg und nutzten eine Parkbank für verstohlene Küsse und die darauffolgende Verlobung.

Übrigens: Wurde ein Verehrer von der Familie der Angebeteten nicht akzeptiert, erhielt er an der Haustür ein Käsebrot und wurde somit kommentarlos fortgeschickt.

125. Trasse des Werkzeugs

Vom Remscheider Hauptbahnhof bis Hasten Feld führt eine ehemalige Bahnstrecke von 1883. Ursprünglich ist diese Nebenstrecke gebaut worden, um den ansässigen Unternehmen unmittelbare Handelswege zu ermöglichen und den Remscheidern einen Umgehungsweg zum hohen Stadtkegel zu bieten. Es gab mit dem Hauptbahnhof, Vieringhausen und Hasten drei Empfangsgebäude und eine Personenhaltestelle in Stachelhausen. Insgesamt ist die Strecke 4,25 Kilometer lang. Im Jahr 1988 ist sie endgültig stillgelegt und im Rahmen der „Regionale 2006" zum Fuß- und Radweg umgebaut worden. Erläuternde Tafeln geben Einblick in die frühere und heutige Industriekultur Remscheids. Die Trasse ist bei Joggern, Fahrradfahrern und Inline-Skatern sehr beliebt.

126. Stakesen

Stachelhausen wurde 1351 erstmals erwähnt als Stakelhausen. Der Begriff Stakel ist ungeklärt, vermutet wird jedoch, dass es sich vom Staken – einem spitzen Pfahl – ableitet. Der Hof Stakelhausen gehörte der Adelsfamilie von Höngen und war vermutlich ein befestigter Hof mit Palisaden aus Pfählen.

127. Schlachthof

Am Bruch befand sich um 1890 der Remscheider Schlachthof. Die Viehwagons kamen über die anliegende Bahntrasse und standen unter Umständen noch tagelang, da die Schlachtungen nur montags und dienstags vorgenommen wurden. Die Anwohner mussten das Geschrei des Viehs ertragen. Am Schlachttag färbte sich dann der nahe Bach rot vom Blut der Tiere und den Kindern wurde verboten dort zu spielen. Bis zu 400 Tiere wöchentlich wurden hier geschlachtet. An den sogenannten Schweinetagen gab es dann riesigen Andrang in den Metzgereien, wo teilweise schon um drei Uhr morgens der Arbeitstag begann. Auch das preiswerte Freibankfleisch, also „die zweite Wahl", fand reißenden Absatz. Gleichzeitig befand sich hier die Überprüfungsstelle für die damals üblichen „Ziehhunde", die von Bäckern und Metzgern vor ihre Karren gespannt wurden, um Waren zu transportieren. Einmal im Jahr wurden die Tiere im Schlachthof untersucht, um festzulegen, wie viel Zentner sie noch ziehen durften.

Heute befindet sich in den neu gestalteten Gebäuden unter anderem der Proberaum der Bergischen Symphoniker. An den Schlachthof erinnern nur noch die großen Rind- und Schweineköpfe aus Sandstein über den Toren.

128. Bergische Symphoniker

Die Bergischen Symphoniker sind ein Zusammenschluss aus den Remscheider Symphonikern und dem Städtischen Orchester Solingen. Sie gelten mit über 180 Auftritten jährlich als eines der meistbeschäftigten Orchester im Lande. Im Zentrum der Spielzeit stehen zehn Philharmonische Konzerte in Remscheid und Solingen sowie zahlreiche Gastspiele. Neben Philharmonischen Konzerten bietet das Orchester auch Musiktheaterproduktionen und geht beispielhaft in seiner Jugendarbeit und der Förderung junger Musiker vor. Die leeren Haushaltskassen Remscheids führten 2012/2013 beinahe zur Auflösung des Orchesters. Durch Einsparmaßnahmen und Umstrukturierungen konnte nach zähen Verhandlungen jedoch vorerst eine weitere Finanzierung durch die Städte Remscheid und Solingen gewährleistet werden.

Vieringhausen und Reinshagen

129. Amtsgericht

Durch das 1879 erlassene Gerichtsverfassungsgesetz wurden in Preußen 600 Amtsgerichte errichtet, eins davon in Remscheid. In einem typischen Schieferhaus an der Scharffstraße fand Remscheids erstes Amtsgericht seinen Platz. Durch die steigende Bevölkerungszahl und den damit einhergehenden größeren Verwaltungsaufwand musste bald ein größeres Gebäude her. Das heutige Gebäude an der Alleestraße wurde mit zeitlichem Verzug im Jahr 1924 fertiggestellt. Das selbstständige Amtsgericht in Lennep wurde aufgelöst und mit dem in Remscheid zusammengeschlossen. Eine Nebenstelle in Lennep wurde schließlich 2006 aufgelöst und im Anbau auf der Alleestraße untergebracht. Im Amtsgericht arbeiten 15 Richter und 70 Beamte in sieben Sitzungssälen und 75 Geschäftsräumen.

130. Bergisches Grundgesetz

Im Bergischen gibt es zehn goldene Regeln, die einen erfolgreich durchs Leben führen, zusammengefasst im Bergischen Grundgesetz:

Wer vill brängt, dräht ooch vill fott.
Wer viel bringt, trägt auch viel fort.

Alles jeht en Zick lang joot.
Alles geht eine Zeit lang gut.

M'r kann alles üvverdrieve.
Man kann alles übertreiben.

Sorg, dat du nit onger de Urjel küs!
Sorg dafür, dass du nicht unter die Orgel kommst!

Ävver wer weeß, wofür alles juet es?!
Aber wer weiß, wofür alles gut ist?!

M'r liert nit us.
Man lernt nie aus.

Wie m'r et drievt, su jeht et.
Wie man es treibt, so geht es.

Wat nix kost, dat is ooch nix!
Was nichts kostet, das ist auch nichts!

M'r moos ooch alt ens „Nää" sage künne.
Man muss auch mal „Nein" sagen können.

Räent et nit, dann dröppt et doch.
Regnet es nicht, dann tröpfelt es doch.

131. Schöttendell

„Op derr Schöttendell" bezeichnet den Ort zwischen der Innenstadt und Vieringhausen. Abgeleitet wird der Begriff von „schüöteg", also abschüssig, und „Delle", was die Talsenke im Remscheider Stadtgebiet meint, wenn man vom Stadtkegel am Amtsgericht hinunterfährt.

Früher kreuzten sich an der Schüttendelle die Bahntrasse von Remscheid nach Hasten sowie die Haupthandelsstraße zwischen Remscheid und Solingen, so dass es schon um 1900 zu einem erhöhten Verkehrsaufkommen kam. Während der individuelle Frachten- und Personenverkehr auf der Straße mit langen Wartezeiten am Bahnübergang zu kämpfen hatte, kam es auch zwischen Güterzügen und Straßenbahnen immer wieder zu heiklen Situationen.

132. Currywurststraße

Die Currywurst ist eines der Lieblingsgerichte in Deutschland, so auch in Remscheid. Und jeder Remscheider hat in seinem Stadtteil vermutlich eine Lieblings-Currywurst. Die größte Ansammlung an Wurstbuden findet man in Vieringhausen. Scherzhaft „Currywurststraße" genannt, umschließt die Straße mit dem Grillmaster, Weltmeister, West Grill und Winnie's Brutzelbude gleich vier beliebte Grill-Imbisse auf gerade einmal 350 Metern. Jeder Currywurst-Spezialist kann seine eigene Rezeptur vorweisen – und über Geschmack lässt sich bekanntlich streiten.

133. Vieringhausen

In Vieringhausen stand ein Empfangsgebäude der Bahnstrecke zum Hasten. Eine Fahrt kostete damals über die insgesamt 4,3 Kilometer lange Strecke zehn Pfennig. Nicht nur an den Lärm und Schmutz, den die Bahn mitbrachte, erinnern sich ältere Remscheider, sondern auch noch an die Zeiten, in denen an die letzte Bahn des Tages ein Postwagen gehängt wurde, in denen sie in der Adventszeit ihre Weihnachtsgeschenke vermuteten.

Für den Personenverkehr wurde die Strecke 1922 geschlossen, aber auch Jahre später noch zur Kirmes am Hasten mit dem Sonderzug befahren. Die Kirmesbahn bekam den Spitznamen „Pustekalinken". Wahrscheinlich, weil der Heizer an der steigenden Strecke ordentlich anstochern musste.

134. Holscheidsberger Knubben

Ein Albtraum jedes Architekten und Bauherren ist eine Gesteinsart im Remscheider Untergrund, der Holscheidsberger Knubben. Dieser ist enorm hart und kann meist nur gesprengt werden. Erkennbar sind die Holscheidsberger Knubben an der roten Färbung, die sie bei Nässe annehmen. Diese rote Färbung erhalten sie einer Sage nach aufgrund einer blutigen Begebenheit.

Die zwei Brüder Hans und Peter lebten am Vieringhausen und verliebten sich unsterblich in Marie, die Tochter des Forstverwalters. Sie fühlte sich geschmeichelt von der Verehrung durch die Brüder, die ihr immer Komplimente und Geschenke machten. Jedoch war für Marie klar, dass keiner der beiden zu ihr passte, denn beide waren völlig unter ihrer Würde.

Hans und Peter buhlten um Marie und waren sehr eifersüchtig. Eines Tages wollte Peter Marie im Wald besuchen, als ihm sein Bruder Hans entgegenkam und sagte: „Du brauchst da gar nicht mehr hingehen, weil Marie mich gerade geküsst hat.“ Aus Wut und Eifersucht erschlug Peter seinen Bruder Hans mit einem Stein. Unter Schock betrachtete er den Stein in seiner Hand und rief aus: „Ach würde ich doch selbst zu Stein!“

So sollte es geschehen. Peter wurde zu einem blutigen Stein, dem Holscheidsberger Knubben.

135. Stockden

Die Siedlung Stockden am Vieringhausen entstand durch den dort gelegenen Hof. Der Wald wurde gerodet, die Stümpfe der dicksten Bäume blieben stehen. So entstand eine „Siedlung in Stöcken“, also zwischen Baumstümpfen.

136. Stockder Straße

Der 8. Dezember im Jahr 1988 ist vielen Remscheidern im Gedächtnis geblieben als der Tag des Flugzeugabsturzes. Ein Kampfflugzeug der United States Air Force stürzte in ein Wohngebiet im Stadtteil Hasten.

Bei der Katastrophe kamen neben dem Piloten sechs weitere Menschen ums Leben, 50 Personen wurden verletzt. Aufgrund „widriger Bedingungen der Sichtverhältnisse“ gilt als Unfallursache eine räumliche Desorientierung des Piloten. In dem dichten Nebel stürzte das Flugzeug in ein Wohnhaus in der Stockder Straße und zerschellte an dem Nachbarhaus. Es wurde ein erheblicher Schaden von 13 Millionen D-Mark notiert, der zu drei Vierteln von der amerikanischen Luftwaffe übernommen wurde. Zu den sozialen und gesellschaftlichen Folgen wurde 25 Jahre später der Roman „Schweigende Stadt" veröffentlicht.

137. Alte Wendung

Die Bundesstraße 229 führt quer durch Remscheid nach Solingen und macht an der Solinger Straße eine 180-Grad-Kehre, weshalb der Ort „Alte Wendung" genannt wird.

Dort befand sich die Schleiferei der Familie Böker mit der ersten Dampfmaschine in Remscheid. Die neue Technik wurde einerseits hochgelobt, bei den Remscheidern aber auch mit Skepsis betrachtet. So konnte sich der Meister der Schleiferei nicht mit der neuen Maschine anfreunden. Er wettete, dass seine sechs starken Söhne die durch Dampfkraft getriebenen Schleifsteine durch pure Muskelkraft anhalten könnten. Trotz aller Anstrengung gelang es den Männern nicht, und selbst der Vater ließ sich schließlich hinreißen mit dem Ausspruch: „Kranatendonnerkiel, dat Dengen treckt alles!" die neue Technik anzuerkennen. Obwohl es einige Jahre später zu einer Explosion des Dampfkessels kam und zwei Menschen dabei ihr Leben ließen, war die Dampfkraft nicht mehr wegzudenken. Ein Meilenstein der Industrialisierung hatte begonnen, die Remscheider wurden unabhängig von ihren kleinen wasserabhängigen Kotten im Tal und zogen mit ihren Maschinen hinauf auf den Berg. Auch die Gebrüder Böker verließen die Alte Wendung und gründeten die „Bergische Stahlindustrie" an der Papenberger Straße.

138. 31. Juli 1943

Jedes Jahr am 31. Juli findet im Ehrenhain am Reinshagen eine Gedenkveranstaltung für die Opfer des Zweiten Weltkrieges statt. Der kreisförmige Hain wurde zum Gedenken an die Gefallenen des Ersten Weltkrieges erbaut. Heute erinnern sechs Gedenkplatten auf dem Boden unter anderem an die Opfer des Ersten und Zweiten Weltkrieges, an die Opfer der Bombennacht von 1943 und an die Opfer des Flugzeugabsturzes von 1988. Der Luftangriff im Zweiten Weltkrieg kostete 1.063 Remscheider das Leben, 6.700 wurden verletzt. In der Remscheider Innenstadt wurden 11.400 Häuser zerstört und 35.000 Menschen obdachlos.

139. Gockelshammer

Der Gockelshammer lag in einer der ältesten Siedlungen Remscheids im Morsbachtal. Es wird angenommen, dass dort bereits um das Jahr 1369 Eisen geschmolzen und verarbeitet wurde. Dies wäre somit eine der ältesten gewerblichen Arbeitsstätten unterhalb des Morsbacher Hofes. Die Bezeichnung Gockel meint „Jakob". Nahe dem Hammer wurde die Gockelshütte errichtet, sie soll 16 Bewohner beherbergt haben.

140. Güldenwerth

Der Wohnplatz Güldenwerth gehört zum Reinshagen und wurde erstmals 1369 als Guddelwerde erwähnt. Dem Namen nach ein „Hof, der viele Gulden wert war", galt der Ort immerzu als ertragreich. Der Güldenwerth ist mit einem kleinen Bahnhof an das Bahnstreckennetz der Linie von Solingen über Remscheid nach Wuppertal angebunden.

141. Amboss Remscheid

Das Stadion Reinshagen wurde 1924 als Wettkampfstätte für Turniere eröffnet. Fußballer und Leichtathleten fanden hier ihre Trainingsstätte. In den 1980er Jahren gründete sich die erste American Football Mannschaft in Remscheid, die „Bergischen Löwen". Nach Auflösung des Vereins lag dieser Sport zwei Jahre brach, bis sich eine kleine Gruppe der „alten Löwen" 1996 zur Neugründung unter dem Namen „AFC Remscheid Amboss" entschloss. Trainings- und Wettkampfstätte ist nach wie vor das Reinshagener Stadion, das vielen Remscheidern noch aus Zeiten ihrer Bundesjugendspiele vertraut ist. Die Heimspiele sind geprägt von hohen Zuschauerzahlen und der besonderen Atmosphäre mit Live-Musik, Cheerleader-Darbietungen und Feuerwerk. Auch Zuschauer, die American Football nicht kennen, werden sich durch eine tolle Moderation der Spielzüge und des Regelwerks in der „Amboss-Familie" wohlfühlen. Go BIG BLUE!

142. Bergbau in Remscheid

Bereits um 1600 begann in Remscheid der Bergbau. Bis etwa 1850 waren mehr als 70 Schürfstellen bekannt, die ergiebigste war das „Reinshagener Bergbaugebiet" mit dem St. Jakobs-Stollen und dem St. Peters-Stollen. Aus dem Jahr 1766 ist überliefert, dass zu der Zeit mit zwei Mann so viel Eisenerz in sechzehn

Stunden abgebaut wurde, dass man den Hochofen 24 Stunden betreiben konnte. Neben dem Bergbaugebiet am Reinshagen ist auch ein Kremenholler Bergwerk bekannt, das im Zweiten Weltkrieg noch als Luftschutzstollen genutzt und später zugeschüttet wurde. Der denkmalgeschützte Jakobsstollen am Reinshagen wird vom Arbeitskreis Bergbau im Bergischen Land aufwendig mit Hacke, Schippe und Schubkarre instandgesetzt, um ihn der Öffentlichkeit zugänglich zu machen.

143. Schemmelbosch

Ob die Ortsbezeichnung von dem Pferd Schimmel oder vom Plattdeutschen „schemmeln" stammt, ist ungeklärt. Das Schemmeln meint das schiefe Gehen, und da der Schemmelbosch am Hang liegt, wird vermutetet, dass sich daher der Name ableitet. Am heutigen Schimmelbuschweg liegt die Gemeinschafts-Grundschule Reinshagen.

144. Schloss Küppelstein

Als man bei der Remscheider Kipper-Brauerei von den Plänen hörte, dass eine Eisenbahnbrücke zwischen Solingen und Remscheid entstehen sollte, war man direkt begeistert. Geplant war eine Zugstation in Küppelstein, und man witterte ein lukratives Geschäft. Im 19. Jahrhundert ließ die Brauerei das Ausflugslokal „Restaurant und Luftkurort Schloss Küppelstein" am Reinshagen erbauen, mit direktem Blick auf die Müngstener Brücke. In der Zeit von 1898 bis 1954 verbrachten viele Remscheider ihre Freizeit auf dem Anwesen. Finanziert durch Spenden wurde an gleicher Stelle später ein Kinderheim errichtet, das Kindern, die in der Bombennacht 1943 ihre Familien verloren hatten, ein neues Zuhause bot. „Der Waldhof“ existiert noch heute als Kinderheim am Reinshagen.

145. Akademie Remscheid

In der malerischen Umgebung am Küppelstein führt ein beschilderter Fußweg zur „Akademie Remscheid für musische Bildung und Medienerziehung“. Seit 1958 existiert diese europaweit einzigartige Einrichtung oberhalb der Wupper. In den 1980er Jahren wurde hier eine 75-minütige Live-Sendung des WDR Fernsehens produziert. Im Zuge des Ost-West-Austauschs hatten Jugendliche in einer Fernsehbrücke von Remscheid nach Kiew die Möglichkeit, miteinander ins Gespräch zu kommen.

Rund 9.000 Seminargäste kommen jährlich, um sich in dem von Architekt Wirsing modern angelegten Haus in den Bereichen Pädagogik, Tanz, Theater und Musik fortzubilden. Die Akademie ist Gastgeber der Proben des Bundesjugendorchesters. Ebenfalls finden dort ein überörtlich beliebter Spielemarkt sowie das mehrtägige Erzählfestival „Erzähl mir was“ statt.

146. Müngstener Brückenpark

Der heutige Park unter der Müngstener Brücke im Tal der Wupper entstand im Zuge der Regionale 2006, einem Strukturförderprogramm des Landes Nordrhein-Westfalen. Das beliebte Ausflugsziel wird jährlich von über 300.000 Gästen besucht und bietet als Highlights eine handbetriebene Schwebefähre, um den

Fluss zu überqueren, und stählerne Rätsel-Plattformen, die im gesamten Park verteilt sind. Der gastronomische Mittelpunkt des Brückenparks ist das Haus Müngsten mit seiner rostbraunen Fassade und den großen Glasflächen direkt an der Wupper. Jedes Jahr am letzten Oktoberwochenende wird das Müngstener Brückenfest gefeiert.

147. Diederichstempel

Wer einen besonderen Ausblick über Müngsten und Burg erleben möchte, sollte unbedingt die Diederichstempel besuchen. Die achteckigen, tempelartigen Aussichtspavillons wurden von August Diederichs gespendet. Die Plätze galten als die Lieblingsorte des Remscheiders, und so spendete er der Allgemeinheit diese Aussichtstempel, so dass jeder den traumhaften Blick auf die Landschaft, die Müngstener Brücke und das Tal genießen kann. Schriftlich ließ August Diederich festhalten, dass die Aussichtspunkte für jeden zu jeder Tages- und Jahreszeit frei begehbar sein sollen. Der erste Pavillon wurde 1896 mit Blick auf Burg im neuromanischen Stil errichtet, der zweite 1902 im neugotischen Stil. Im Jahr 2006 wurden die denkmalgeschützten Tempel saniert.

148. Müngstener Brücke

Die höchste Eisenbahnbrücke Deutschlands verbindet die Städte Remscheid und Solingen in 107 Metern Höhe über dem Tal der Wupper. Die Bogenbrücke ist Teil der Bahnstrecke von Wuppertal über Remscheid nach Solingen.

Mit dem Bau der Brücke wurde am 26. Februar 1894 begonnen. Es wurde vom MAN Werk Gustavsburg am 21. März 1897 mit einer Gesamtlänge von 465 Metern fertiggestellt. Am darauffolgenden Tag fand das Richtfest statt. Der Stahlbau besteht aus sechs Gerüstpfeilern, 5.000 Tonnen Stahlprofilen und 950.000 Nieten. Zunächst trug sie den Namen Kaiser-Wilhelm-Brücke, wurde zum Ende der Monarchie im Jahr 1918 aber nach der naheliegenden Siedlung Müngsten benannt. Die Bundespost gab einst eine Briefmarke mit dem Motiv der Müngstener Brücke heraus. Die Brücke wird auch heute noch für den Zugbetrieb genutzt, bereitet vielen Fahrgästen aber zunehmend Ärger. Aufgrund von Lagerschäden, Mängeln und Substanzverzehr durch Rost muss die Brücke immer wieder für den Zugverkehr gesperrt und saniert werden.

149. Der goldene Niet

Solange es die Müngstener Brücke gibt, lebt der Mythos vom verlorenen goldenen Niet. Denn unter den 950.000 verbauten Nieten soll ein goldener gewesen sein.

2011 kam die Legende erneut auf: Man bewarb sich um die Einstufung der Brücke als Weltkulturerbe und entdeckte eine undatierte und nicht unterzeichnete Notiz. In dieser erklärt ein Herr Petermann, selbst den goldenen Niet eingeschlagen zu haben. Bislang wurde der Niet nicht gefunden. Vielleicht entdecken Sie ihn ja bei Ihrem nächsten Besuch im Brückenpark?

Das klingt doch wieder nach einer Aufgabe für Rolf Steinberger. Sollte aus meinem Buch nichts werden, mache ich mich auf die Suche nach dem Niet. Und wenn ich den finde, gehe ich garantiert in die Geschichte ein.

150. Hof und Haus Müngsten

Die „Müngsten“ waren ein berühmtes Geschlecht von Klingenschmieden. Der gleichnamige Ortsteil entstand im 16. Jahrhundert und bestand aus einem Herrenhaus mit Nebenhäusern, Hämmern, Stallungen, Gärten, Ackerland und Wiesen. Im Morsbachtal waren viele Hämmer angesiedelt. Überlieferungen zufolge waren diese aber bereits um 1898 verschwunden. Alte Postkarten zeigen, dass nach dem Abriss der Hämmer ein Umdenken in der Ortschaft stattfand. Die Attraktion „Müngstener Brücke“ und das schöne Tal sollten für den Tourismus genutzt werden, die alten Häuser wurden zu Restaurants umgebaut. Durch die Ronsdorf-Müngstener-Eisenbahn mit Ziel Müngsten stiegen die Einnahmen im Tourismusbereich enorm, selbst Kirmessen fanden in dem Tal statt.

Seit 2010 ist das neue Haus Müngsten im Brückenpark direkt an der Wupper und mit Blick auf die Müngstener Brücke eröffnet. Das Gebäude mit Stahl- und Glasfassaden im modernen Industriestil bietet Gastronomie und Veranstaltungsmöglichkeiten. Das integrative Team besteht aus Menschen mit und ohne Behinderung. Betrieben wird das Haus von der Lebenshilfe Solingen.

Lennep

Wie kann ich sie bloß finden? Stundenlang google ich den Namen Lena in Verbindung mit Schlagworten wie Remscheid, Löwenhunde, Gassi gehen und weiteren zum Teil fragwürdigen Begriffen. Ich komme zu keinem Ergebnis. Da treffe ich in Remscheid auf meine Traumfrau, und dann steht mir ausgerechnet das hochgelobte Internet bei meinem persönlichen Glück im Wege. Na toll! Immerhin: Die Strichliste in der Küche wächst weiter, und ich bekomme das Gefühl, die Remscheider Innenstadt nun größtenteils zu kennen und auch einen guten Überblick zu haben. Um die Wette erfolgreich abzuschließen, muss ich nun aber weitere Kreise ziehen. Doch meine Gedanken werden immer wieder unterbrochen von Lena, von ihrem blonden Haar, das so schön geweht hat im Remscheider Wind. Da erinnere ich mich an einen ihrer Tipps.

Eine Freundin von Lena hat ihre Berufung zum Beruf gemacht und führt Touristen aus der ganzen Welt als Stadtführerin durch die historische Lenneper Altstadt. Auch wenn ich mir nicht vorstellen kann, dass man da so viel zu erzählen kann, melde ich mich zur heutigen Führung an. Vielleicht finde ich ja einen Draht zu Lena.

Gib Gas, Mensch! Ich weiß nicht, ob es am Busfahrer liegt oder an meiner fehlenden Planung. Jedenfalls ist das mal wieder ein Rennen gegen die Zeit. Vermutlich habe ich unterschätzt, wie groß Remscheid ist, und dass es doch eine gewisse Vorbereitung braucht, um mit dem Bus pünktlich nach Lennep zu kommen. Aus dem Bus heraus entdecke ich zwei große Gebäude.

151. Kreishaus

Der Kreis Lennep wurde 1816 gebildet und umfasste das Gebiet Lüttringhausen, Hückeswagen, Radevormwald, Ronsdorf, Wermelskirchen, Dabringhausen, Burg und bis 1887 auch Remscheid. Als Sitz des Landratsamtes wurde in den Jahren 1887 bis 1889 an der Kölner Straße das Kreishaus errichtet und als solches bis 1929, bis zur Eingemeindung nach Remscheid, genutzt. Der dreigeschossige Flügelbau steht heute unter Denkmalschutz und ist mit Bögen und Sandsteinbekleidungen geschmückt.

152. Kaufhaus Dörrenberg

An der Ecke Kölner Straße und Wupperstraße steht die größte Einkaufsfiliale Lenneps, zumindest war sie das für lange Zeit. Erbaut wurde das Gebäude mit der schönen historischen Fassade im Jahr 1912. 1926 übernahm es die Bekleidungsfirma Dörrenberg. Danach trug es viele Jahre den Namen Karstadt und dann bis 2008 den roten Schriftzug „Hertie". Der lange Leerstand des Gebäudes enttäuschte viele Lenneper. Ein Aprilscherz ließ kurzzeitig das Gerücht aufkommen, dass der geliebte Karstadt zurückkäme.

Als der Busfahrer am Bismarckplatz endlich die Türen öffnet, springe ich raus und sehe schon von der Bushaltestelle aus eine Menschentraube am Treffpunkt, die augenscheinlich nur auf mich wartet. Der Einfachheit halber belasse ich im Nachfolgenden sämtliche Eindrücke in der Reihenfolge des Rundgangs. Wenn das Buch veröffentlicht wird, wovon ich jetzt mal ausgehe, können findige

Leser anhand der Route selber einen wunderschönen Rundgang durch die Lenneper Altstadt machen.

153. Lempe, oder auch Lennep

Lennep gehört zu den ältesten Städten des Bergischen Landes und wird im bergischen Wortschatz auch „Lempe“ genannt, nach dem Linepe bzw. Lennepe-Bach, der durch Lennep fließt. Archäologischen Funden nach muss es im Raum Lennep bereits vor 5000 Jahren menschliche Besiedlungen gegeben haben. Die Anfänge der Stadt können bis zum Beginn des 12. Jahrhunderts zurückverfolgt werden. Hierbei muss man sich aber auf Überlieferungen stützen, da durch die drei Stadtbrände viele Urkunden vernichtet wurden. In der Quellmulde der Lennepe wurden ein Fronhof und eine Kapelle erbaut. Dieser Fronhof ging in den Besitz der Grafen von Berg und später an den Herzog von Limburg. Mitte des 13. Jahrhunderts erhielt Lennep die Stadtrechte und zählt zu den ersten vier bergischen Hauptstädten (neben Wipperfürth, Ratingen und Düsseldorf). Der erste Stadtbrand 1325 vernichtete viele Dokumente und Überlieferungen, bei einem weiteren Feuer wurde 1563 bis auf wenige Häuser die Stadt zerstört. Der Wiederaufbau dauerte bis etwa 1575, und durch die Verlagerung von Plätzen, Straßen und Gebäuden entstand eine für Handwerker günstige städtische Struktur. Der ovalförmige Grundriss der Altstadt blieb dabei aber erhalten. Im Jahr 1746 ereignete sich der dritte große Stadtbrand. 116 Häuser des Stadtkerns, darunter viele Bauwerke des „Bergischen Barock“, die nach dem Stadtbrand entstanden, stehen heute unter Denkmalschutz.

154. Lennepe

Der Bach Linepe bzw. Lennepe erhielt seinen Namen abgeleitet von dem Wort „Lehn“, das für langsam fließendes Gewässer steht, und Epe, für einen Bach oder kleinen Fluss. Die Quellen der Lennepe entsprangen oberhalb vom Thüringsberg. Durch den Bach und die damit gewährleistete Wasserversorgung siedelten sich Menschen rund um das Gewässer an. Das Wasser wurde gestaut und aus Hausbrunnen gepumpt, von denen es bis heute noch einige zu sehen gibt. Durch das Fließgewässer waren die Keller in der Altstadt enorm feucht und es entstand der Spruch, dass, wenn man in Lennep eine Mausefalle im Keller aufstellte, man keine Mäuse, sondern Kröten finge.

Heute ist nur noch ein Teil des insgesamt 3,5 Kilometer langen Bachs im Lenneper Bachtal zu sehen, bis dorthin wurde er verrohrt.

155. Erdfänge gegen den Gestank

Vor über 850 Jahren ließen sich Menschen im Gebiet des heutigen Lenneps nieder, weil der dort fließende Lennepebach versprach, ihre täglichen Verrichtungen zu erleichtern. Neben der eigenen Trinkwasserversorgung konnte am Ufer auch das Vieh gehalten werden. Allerdings behandelten die ersten Siedler ihren Bach schlecht. Sie kippten Abwässer hinein, und schon nach kurzer Zeit stank es überall in der beginnenden Ortschaft bestialisch.

Die findigen Lenneper konstruierten sogenannte „Erdfänge“ unter der Wasseroberfläche. Diese wirkten so, wie heute auch

Klärbecken funktionieren: Schmutz und Unrat setzte sich auf den Böden der Erdfänge ab, und oben floss nun wieder klares Wasser. Dies erwies sich als so hilfreich wie gefährlich. Nicht selten stürzte eine Ziege beim Trinken in eine der Unterwasserkisten und konnte sich nicht mehr befreien. Nicht auszudenken, spielenden Kindern am Ufer wurde Ähnliches geschehen. Per Landeserlass wurden diese Erdfänge daher im Jahr 1771 verboten. Erst 30 Jahre später beugten sich auch die Lenneper diesem Verbot. Sodann wurden die häufig genutzten Straßen und Wege gepflastert. Die Lennepe verschwand, abgedeckt durch Holzbohlen unter dem Pflaster.

156. Lenneper Stadtwappen

Das Wappen von Lennep zeigt eine rote Stadtmauer, die Lennep seit 1230 umgab, mit Tor und einer Kirche mit zwei Türmen, blauem Dach und Turmhauben. Auf der linken Turmspitze ist ein goldener Wetterhahn platziert. Mittig über der Kirche ist ein kleines Schild mit einem roten Löwen zu sehen, dem Wappentier der Grafen von Berg. Das Wappen ist heute noch auf vielen Kanaldeckeln in Lennep zu entdecken.

157. Stadtmauer

Zur Entstehung der Stadtmauer gibt es keine genauen Überlieferungen. Es wird gesagt, dass Herzog Heinrich die Ortschaft Lennep in den „Hohenlimburger Fehden“ gegen den Kölner Erzbischof und Graf Adolf I. von der Mark zum Schutz der bergischen Grenzen mit einer starken Mauer umgeben hat.

Die Stadtmauer diente dem Schutz der Bewohner und der Sicherheit des Markthandels. Der Mauerbau erwies sich als technisch schwierig und kostspielig, sodass der Befestigungsring nicht zu groß ausfiel.

158. Vier Tore

Lennep entwickelte sich aufgrund der geografischen Lage schnell zu einer wichtigen Handelsstadt. Bis heute zeugen die Straßennamen, wie beispielsweise die Kölner Straße, von den Handelswegen. Durch die Stadtmauer führten vier Tore aus und in die Stadt: das Kölner Tor (Süden), das Schwelmer Tor (Norden), die Lüttringhauser Pforte (Nordwesten) und die Mühlenpforte (Osten). Die Fernhandelsstraße von Köln nach Dortmund bildete den Ausgangspunkt für die Entstehung und Entwicklung der Stadt und führte vom Kölner Tor über die Wetterauer und Berliner Straße bis zum Schwelmer Tor durch die Stadt. Lennep war von Köln und Dortmund jeweils zwei Tagesreisen entfernt und entwickelte sich so auch zu einem beliebten Rastort. Um die Fernstraße zu entlasten, führte ein weiterer Straßenzug durch die Lüttringhauser- und Mühlen-Pforte zum Marktplatz der Stadt.

159. Pilgerweg

Die Lenneper Stadtkirche liegt am Jakobsweg und ist dem Heiligen St. Jakob gewidmet. Lennep gilt seit dem Mittelalter als bedeutende Pilgerstadt. Der sogenannte „Bergische Jakobsweg“ führt von Wuppertal-Beyenburg über Remscheid-Lennep an der Eschbachtalsperre vorbei zum Altenberger Dom in Odenthal. Über Köln und Aachen erschließt sich der Weg Richtung Santiago de Compostela. Die Reisenden können sich auf ihrer Wallfahrt den Pilgerstempel in Lennep abholen. An so genannten Pilgersammelstellen treffen sich die Pilger, um gemeinsam zu reisen. Die nächste Sammelstelle nach Lennep befindet sich in Aachen. In seinem Buch „Ich bin dann mal weg" erzählt Hape Kerkeling von seinen Erlebnissen auf dem Pilgerweg, auf seiner Reise trifft er auch ein Ehepaar aus Remscheid.

160. Grenzwall

An der Tente befindet sich heute eine neuere Wohnsiedlung am Wald. Dort verlief früher der Grenzwall Lenneps. Ein Erdwall soll dort errichtet gewesen sein als Grenze zwischen dem Lenneper und dem Remscheider Gebiet. Riefen (Hohlwege), durch welche die Fuhrwerke früher fuhren, sollen noch heute im Boden erkennbar sein.

161. Gasbeleuchtung

Lennep galt im 18. Jahrhundert als sehr fortschrittlich. Durch den Erfolg der Textilindustrie konnte der Bau einer Kanalisation, eines Schlachthofs sowie Hallenbads finanziert werden. Als eine der ersten Städte setzte Lennep auf eine Gasbeleuchtung der Straßen. Trotz der Sorge „Zu viel Licht in der Nacht mache die Pferde scheu und die Diebe kühn" wurden nach und nach die Öl- und Petroleumlampen durch Gasbeleuchtung ersetzt.

Das war ein höchstspannender Beginn! Während wir die ersten Schritte gehen, teile ich mit der Netzgemeinde meinen Standort: Rolf Steinberger ist gespannt, hier: L.A. – Lenneper Altstadt.

162. Kraspütt

Bis heute gibt es in Lennep den Kraspütt. Im Mittelalter befand sich dort ein Feucht- und Sumpfgebiet. Dies führte auch zur Namensgebung. „Kras“ heißt so viel wie Gras, und „Pütt“ ist die Pfütze oder der Sumpf. An dem unschönen Ort mit den windschiefen Hütten ließen sich meist Bettler und Tagelöhner nieder. Durch die mangelnde Hygiene verbreitete sich gerade dort im Jahr 1315 die Pest sehr schnell.

163. Feuer im Kraspütt

Lennep war schon in den Jahren 1325 und 1563 schwer durch Stadtbrände gebeutelt. Im Jahr 1746 sollten die Brände erneut verheerende Ausmaße annehmen. Eigentlich begann alles mit einem freudigen Anlass: In Lennep wurde Hochzeit gefeiert, und alle Erwachsenen waren zur großen Feier geladen. Auch im Hause Windgassen im Kraspütt bereiteten sich die Eltern auf das Fest vor und ließen ihre Kinder daheim. Die Kinder spielten in der Stube, bis eines der Kinder die Ofentür öffnete und ein Stück Glut auf den Holzboden fiel. Das Feuer breitete sich augenblicklich in Stube und Haus aus, und die Kinder konnten sich nur noch mit Mühe ins Freie retten. Durch die dichte Bebauung und den hohen Holzanteil in den Häusern sprangen die Flammen in Windeseile auf die Nachbarschaft über. Die herbeigeeilten Erwachsenen konnten nichts mehr tun. Alle Löschversuche blieben vergebens, und sie mussten mit ansehen, wie Lennep erneut abbrannte.

164. Bunker

Der ehemalige Hochbunker in der Lenneper Altstadt aus dem Jahr 1942 liegt an der Ecke Wallstraße und Kraspütt. Der Bunker wurde mit einem dreigeschossigen Turm gebaut, geschützt durch eine einen Meter dicke Betonwand, und bietet 550 Quadratmeter Nutzfläche. Noch heute lässt der Innenraum auf die Nutzung als Bunker schließen, seit 2015 wird er jedoch von dem Unternehmen „Besser Parken" genutzt. Dort kann man private oder gewerbliche Lagerräume anmieten.

165. Bleichwiesen der Tuchmacher

Rechts und links der Wupperstraße in Höhe der Bushaltestellen erstreckt sich der Lenneper Hardtpark, benannt nach der bekannten Lenneper Tuchmacherfamilie. Von 1350 stammt die älteste noch bekannte Urkunde über einen Leinen-Wollweber Lenneps, den „Thyle Weber". Die Lage an der Handelsstraße begünstigte unter anderem auch dieses Gewerbe und ließ die Tuchmachereien in Lennep sprießen. Im 14. Jahrhundert vereinigten sich die Weber in der Zunft „Bruderschaft des löblichen Wüllenhandwerks Sankt Jakob". Die Arbeit war hart. Selbst kleine Kinder mussten an den Webstühlen ihre langen Arbeitstage verbringen. Die fertigen Stücke wurden auf den damaligen Bleichwiesen, außerhalb der Stadtmauer, ausgelegt. Mit Bleichmittel aus Milch und Extrakten der Pottasche getränkt, lagen die Tuche mehrere Wochen in der Sonne, um mit den entstehenden Peroxiden möglichst hell zu bleichen und so als „feine Tuche“ verkauft zu werden. Heute besteht der Park aus einem angelegten Rosengarten und Grünflächen. Hier findet unter anderem der vom Verkehrs- und Förderverein Lennep initiierte Mittelaltermarkt statt.

166. Wallstraße

Die heutige Wallstraße, die um den Rundling der Lenneper Altstadt führt, zeichnet den Verlauf der ehemaligen Stadtmauer nach. Die mittelalterliche Befestigung aus Mauer, Wall und Graben diente zum Schutz der Stadtbewohner innerhalb der Mauer. Am Thüringsberg schlossen sich an die Wallstraße Lösch- und Trinkwasserteiche an, wo sich heute eine Grünfläche befindet.

167. Die Welle

Das soziokulturelle Zentrum „Die Welle“ steht für Jugendhilfe, Kunst und Kultur und befindet sich im ehemaligen städtischen Hallenbad in der Lenneper Altstadt, wodurch sich auch der Name ergibt.

Das Hallenbad wurde von der Industriellenfamilie Hardt finanziert und von Albert Schmidt 1886 erbaut. Die architektonischen Grundzüge des bis 1979 genutzten Hallenbads sind heute noch zu sehen, und bei besonderen Anlässen können auch die „Unterwelten“ besichtigt werden.

168. Mühlentor

Wer heute auf der Mühlenstraße in die Lenneper Altstadt geht, durchläuft auf Höhe der Wallstraße den Platz, an dem früher das Mühlentor stand. Das Tor erhielt seinen Namen aufgrund einer Kornmühle, die dort platziert war. Später befanden sich hier Walkmühlen, die den Beginn der Tuchindustrie bedeuteten. Die Wolle der rund um Lennep weidenden Schafe wurde in den Walkmühlen wortwörtlich „gewalkt". Also gepresst und gestampft, verfilzt und anschließend zu Tuchen verarbeitet.

169. Rotationstheater

Das Rotationstheater in der Lenneper Altstadt verdankt seinen Namen der ehemaligen Rotations-Druckerei der Bergischen Morgenpost. Seit 1990 befindet sich das Theater in den Räumlichkeiten. Die Kleinstkunstbühne Lennep fördert besonders junge Künstler. Regelmäßig treten dort auch weniger bekannte Kabarettisten auf, wie einst die heute berühmten Künstler Mario Barth und Johann König. Zum Rotationstheater gehören die ebenfalls von der Familie Schmidt geführte „Schule für Musik, Tanz und Theater" sowie das „Rotationscafé", das viele kulturbegeisterte Gäste bewirtet.

170. Alter Markt

Im Juni 1961 wurde die Lenneper Altstadt zur gruseligen Kulisse des Fernseh-Sechsteilers „Das Halstuch" nach Francis Durbridge.

Die hier gedrehten Szenen spielen in dem fiktiven Ort Littleshaw in England. Lange suchte man nach der passenden britischen Atmosphäre. In Lennep wurde man fündig. Der Fernseh-Mehrteiler wurde zum Straßenfeger und mit einer Einschaltquote von durchschnittlich 86 Prozent zum Riesenerfolg.

171. Stadtkirche

Die eher traditionelle Evangelische Stadtkirche, die liebevoll „Alte Dame" genannt wird, war Wegbereiter für die Stadtentwicklung Lenneps. Mit ihrem 51 Meter hohen Turm sticht sie in der Altstadt hervor, besonders zur Adventszeit, wenn der Kirchturm mit tausenden Lichtern erleuchtet wird. Der Beginn der Stadtkirche ist auf eine kleine Kapelle im 12. Jahrhundert zurückzuführen, diese wurde um 1540 zu einem evangelischen Gotteshaus ausgebaut. Seit dem 13. Jahrhundert ist die Kirche bereits Station des Jakobpilgerwegs. Im 18. Jahrhundert fiel auch die Stadtkirche, wie fast der gesamte Stadtkern, einem Stadtbrand zum Opfer, der Neubau wurde nach dem „Bergischen Typus" mit den übereinander angeordneten Hauptstücken Altar, Kanzel und Orgel errichtet. Neben der Stadtkirche gibt es noch die Kirche St. Bonaventura, die „Familienkirche" auf dem Hasenberg und die idyllisch gelegene Waldkirche. Diese wurde im Jahr 1952 errichtet und trägt ihren Namen wegen des angrenzenden Waldgebietes.

172. Blutgasse

In der Lenneper Altstadt hinter der evangelischen Kirche befindet sich die Kirchgasse. Im Volksmund trug diese allerdings den unschönen Namen „Blutgasse". Entstanden ist die Bezeichnung jedoch nicht durch dort verübte Straftaten, sondern durch den Schlachter, der dort ansässig war. Wenn dieser seiner Arbeit nachging, floss ein Rinnsal aus Blut den Hang hinunter und färbte die „Blutgasse" rot.

173. Minoriten in Lennep

Im Jahr 1641 ließen sich Minoriten des Franziskanerordens in Lennep nieder und erbauten 1700 ihr Kloster innerhalb der Stadtmauern Lenneps an der Stelle des früheren Bongartshofs. Das einschiffige Bauwerk im spätgotischen Stil wurde im 18. Jahrhundert um ein Lagerhaus und den Schulbau erweitert. Als eines der wenigen Gebäude überstand die Klosterkirche den Stadtbrand von 1746. Die Ordensbrüder bauten eine große Gemeinde auf, boten Seelsorge und Schulbildung an. Die Aufhebung der kirchlichen Besitztümer durch Napoleons politische Neuordnung beendete das Klosterleben in Lennep. Als Pfarrkirche blieb die Klosterkirche einige Zeit erhalten, wurde jedoch 1868 endgültig aufgegeben. In den Jahren von 1887 bis 1975 wurde die Klosterkirche zeitweilig als Produktionsstätte genutzt, das Textilunternehmen Carl Mühlinghaus nutzte den Klosterhof als Fabrikanlage und erweiterte das Gebäude für die großen Walk- und Webmaschinen. Jedoch kam die Produktion zum Erliegen und das ehemalige Kloster stand erneut leer.

174. Bongartshof

Der Platz vor der heutigen Klosterkirche heißt „Bongartshof". Ihm wurde sein Name in Gedenken an den ersten Herrenhof Lenneps verliehen. Im Jahr 1985 wurde über eine Benennung des Platzes vor der Klosterkirche nachgedacht, der Name „Klosterhof" wurde wegen der Verwechslungsgefahr mit der Klostergasse abgelehnt.

Der Bongartshof als Wirtschaftshof und der Weiherhof als Sitz des Fronhofverwalters bildeten den ersten Fronhof Lenneps und waren somit „Keimzelle" für die spätere Stadt. Nachdem der Bongartshof 1563 abbrannte, nutzten die Tuchmacher die Fläche, um ihre Tuche zu trocknen und bleichen zu lassen.

175. Klosterkirche

Das Gebäude der Klosterkirche hat eine bewegte Vergangenheit. Nach der Nutzung als Kloster und Produktionsstätte eines Textilunternehmens stand das Gebäude lange leer. Um den Verfall und drohenden Abriss des historischen Gebäudes aufzuhalten, schlossen sich engagierte Bürger zum Verein Klosterkirche zusammen. Dank der finanziellen Unterstützung des Landes, der Stadtverwaltung sowie großzügiger Spenden gelang es, das Gebäude zu restaurieren. Seit 1987 ist die Klosterkirche eines der bedeutendsten Kultur- und Bürgerzentren für Veranstaltungen, Ausstellungen, Feste und Konzerte in der Region. Viele Remscheider feierten ihre Abibälle oder Hochzeiten in den Räumen der Klosterkirche. Mit der „Klosterschänke" findet man in dem ehemaligen Kloster zudem heute ein hervorragendes Restaurant.

176. Tuchmuseum

In der Hardtstraße in dem denkmalgeschützten Gebäude der Gemeinschaftsgrundschule Freiherr-vom-Stein befindet sich in der zweiten Etage das Tuchmuseum Lennep. Entstanden ist es aus dem ehemaligen Johann-Wülfing-Werksmuseum und wird seitdem durch engagierte Ehrenamtler stetig ausgebaut. Die sechs Ausstellungsräume sind nach Themen aufgeteilt: So lernt man dort die Geschichte der wichtigen Handelshäuser und die Entwicklung des Tuchhandwerks kennen, erfährt aber auch einiges über die soziale Verantwortung der einstigen Unternehmer. Die Entwicklung der Tuchindustrie im Bergischen Land lässt sich über einen Zeitraum von über 100 Jahren zurückverfolgen. Regelmäßig finden zudem Sonderausstellungen statt.

177. Kammgarn

Die Kammgarn-Siedlung bestand aus dem ehemaligen Firmengelände der Firma Wülfing und einer Arbeiterwohnsiedlung. Die erfolgreiche Kammgarnspinnerei Wülfing, die Garne für die Textilproduktion fertigte, wurde 1881 in Betrieb genommen und stellte seinen Arbeitern in unmittelbarer Nähe Häuser zur Verfügung. Die Siedlung hatte einen eigenen Kindergarten, Sanitäter, eine Wäscherei und Milchkühe. Gegen Ende des 19. Jahrhunderts wurde auswärtigen, unverheirateten Arbeiterinnen für 60 Pfennig am Tag Bett und Logis in einem Wohnheim an der Wülfingstraße geboten. Aus ganz Deutschland fanden junge Frauen dort ein Zuhause, welches bereits damals mit fließendem Wasser, Gasbeleuchtung und Zentralheizung ausgestattet war. Im Jahr

1993 ging das Unternehmen jedoch Konkurs und wurde 1996 liquidiert.

Das Mädchenwohnheim wurde während des Ersten Weltkrieges als Lazarett genutzt und nach einem Brand in vergrößerter Form wiederaufgebaut. Heute wird es als Unterkunft für Asylbewerber und Lebensmittelausgabe für die Tafel genutzt.

178. Deutsches Röntgen-Museum

Das Deutsche Röntgen-Museum ist einmalig in Deutschland und beherbergt auf 2.100 Quadratmetern eine einzigartige Sammlung zu Wilhelm Conrad Röntgens Leben und Entdeckungen. Im Jahr 1932 wurde es in Lennep, dem Geburtsort Röntgens, gegründet und im Laufe der Zeit mehrmals um- und angebaut. Im Rahmen von Restrukturierungen und Neuausrichtungen soll das Röntgen-Museum mehr und mehr zu einem „lebenspraktisch" verankerten Themenmuseum für kreatives Forschen und Entdecken werden. Dort kann man an Führungen, Workshops und Vorträgen teilnehmen, besonders Kinder werden aktiv an die Naturwissenschaften herangeführt und sogar zu Kinder-Museumsführern ausgebildet.

179. Siechenhäuser

Auch Lennep blieb von Krankheiten wie Pest und Lepra nicht verschont. In Cluse an der Schwelmer Straße wurden außerhalb der Stadtmauern Lenneps sogenannte „Siechenhäuser" eingerichtet, in denen Leprakranke untergebracht wurden. Da es kein Heilmittel gab und man die Ansteckungswege nicht kannte, grenzte man die Leprakranken aus. Die Lenneper hatten jedoch ein schlechtes Gewissen ihren Mitbürgern gegenüber, und so ließ man die Kranken an manchen Tagen in die Stadt, wo sie sich durch Betteln ihren Lebensunterhalt verdienen konnten. Die Erkrankten mussten jedoch zur Erkennung besondere Kleidung und hölzerne Klappern mit sich tragen.

Das Bettelgeschäft stellte sich als lukrativ dar, sodass sich schnell auch Betrüger untermischten. Im 16. Jahrhundert bemerkte man, dass Menschen in Leprakluft durch Lennep zogen und bettelten, die gar nicht krank waren. Die Polizei ordnete 1554 an, die Simulanten zu enttarnen. Die Leprakranken selbst reagierten, indem sie eine Bruderschaft gründeten. Wer eintreten wollte, musste eine Gebühr zahlen und ein ärztliches Attest – den Siechenbrief – vorweisen, um betteln zu dürfen. In Lennep wurden im Jahr 1712 die letzten Siechenhäuser abgerissen.

180. Galgenbüschchen

Lennep erhielt die „hohe Gerichtsbarkeit", einen Galgen. Die Richter hatten das Recht, über Leib und Leben zu entscheiden und am Galgen die Todesstrafe zu vollstrecken. Der Galgen selbst befand sich am Galgenbüschchen an der Schwelmer Straße vor den Stadttoren. Die letzte Hinrichtung fand dort 1602 an Heinrich von Hilden statt. Er wurde wegen zweifachen Raubmordes und in Umlaufbringung von Falschgeld gehängt.

An der Theke habe ich gehört „in Remscheid kostet ein Mord so viel wie ein Glas Bier". Was ich für einen schlechten Witz hielt, scheint wirklich mal so gewesen zu sein. Früher musste man als mörderischer Remscheider nur in den nächsten Verwaltungsbezirk nach

Köln fliehen und konnte nicht mehr strafverfolgt werden. Die Fahrt über den Rhein kostete genau so viel wie ein Glas Bier.

181. Schwelmer Tor

Die Schwelmer Straße, die durch das Stadttor in Lennep führte, war die Hauptverkehrsader und Handelsstraße bis nach Lübeck. Zahlreiche Händler, Bauern, Ritter, Pilger und Tuchmacher befuhren die Straße mit Ochsenkarren und Kutschen. Einer Sage nach wurde am Schwelmer Tor einst ein Fuhrmann gebannt, sodass er nicht weiterfahren konnte. Dieser Fuhrmann war auf dem Weg von Schwelm nach Lennep, und als er dort das Schwelmer Tor in der Nähe des heutigen Röntgen-Museums erreichte, konnte er plötzlich nicht weiterfahren. Sein Karren hing fest. Dreimal ging er in das nahegelegene Wirtshaus und bat die Gäste ihn doch von dem Bann loszusprechen. Diese lachten den Fuhrmann spöttisch aus. Als er voller Wut seine Hacke nahm und sein Karrenrad losschlug, flog eine Speiche heraus und im selben Moment stürzte ein Gast im Wirtshaus tot zu Boden.

So kann man ja auch nicht mit einem Fuhrmann umgehen! Ich hätte dem armen Mann erst mal einen Gerstensaft bestellt und mir seine Geschichte bei ein paar Schnäpsen angehört. Freudig erregt, dass mir so etwas nicht passieren könnte, lausche ich weiter den Erzählungen der netten Stadtführerin und freue mich auf ein kühles Bier. Natürlich rein aus Schutz vor einem Bann!

182. Pilgergasse

In der Lenneper Altstadt beginnt da, wo die Berliner und Schwelmer Straße zusammentreffen, die Pilgergasse. Lange Zeit vermutete man, dass die Gasse Teil der Pilgerstraße von Lennep nach Köln weiter nach Nordspanien sei. Historische Befunde weisen jedoch aus, dass es gar keine Wege speziell für Pilger gab. Gerd Helbeck fand heraus, dass der Straßenname tatsächlich auf ein Missverständnis zurückzuführen ist. In alten Straßenkarten von 1827 ist dort die Tilges Gasse eingezeichnet, die sich wohl auf die zugezogene Familie Tilger bezieht. Solche Missverständnisse sind nicht selten. So führt die Pilgergasse zum „Gänsemarkt", den man lange Zeit irrtümlich für einen Platz zum Gänsehandel hielt. Jedoch hieß der Ort ursprünglich „Goes Matt" und ist auf die Familie Goes zurückzuführen.

183. Cembalobauer

Cembali, Clavichorde, Virginale und Spinette sind Tasteninstrumente verschiedenster Länder, Epochen und Bauarten. Seit 1989 fertigt Volker Platt Neu- und Nachbauten dieser historischen Instrumente an. Von Halver zog er 1995 samt Werkstatt in die Martinsgasse der Lenneper Altstadt und feierte dort 2014 das 25-jährige Jubiläum seiner Werkstatt. Auf Anregung eines Pfarrers finden in Lennep seit 2000 die „Cembalo-Tage" statt, bei denen anspruchsvolle Konzerte und Kurse geboten werden. Die Meisterwerkstätten im Bergischen Land gehen zurück auf das Ausbildungsangebot der Firma Sassmann, durch das sich hier ein Zentrum des Cembalobaus entwickelte.

184. Geburtshaus Röntgen

Lennep nennt sich selber stolz „Röntgenstadt" nach dem berühmten Sohn Wilhelm Conrad Röntgen. Sein Geburtshaus steht bis heute in der Lenneper Altstadt am Gänsemarkt 1. Im Jahr 1785 wurde der Bau des Hauses abgeschlossen und 1811 von der Familie Röntgen gekauft. Friedrich Carl Röntgen, Wilhelm Conrads Vater, erbte das Haus zusammen mit seinen Brüdern. Bis 1963 wurde das Haus später als Metzgerei genutzt. Danach ging es in den Besitz der Stadt Remscheid über, die dort die Fachbibliothek des Deutschen Röntgen-Museums einquartierte. Für einen symbolischen Euro erwarb die Deutsche Röntgengesellschaft e.V. im Jahr 2011 das Gebäude und restaurierte es aufwendig. Zum Gedenken an den weltberühmten Wissenschaftler ist dort sein persönlicher Nachlass aufbewahrt und ausgestellt. Es soll als inspirierender Wissenschaftstreff dienen und Werk und Wirkung umfassend darstellen. Zudem befinden sich Konferenzräumlichkeiten und ein Gäste-Apartment im Dachgeschoss.

185. Moll'sche Fabrik

Lennep spielte eine wesentliche Rolle in der Herstellung feiner Tuche. Schon 1695 gründete sich hier die „Societät zur Herstellung feiner Tuche mit spanischer Wolle". Neben den vornehmen und reichen Familien Hardt, Frielingshaus und Wülfing trat auch der angesehene Peter Moll dieser Gesellschaft bei. Die Produktion der Tuche mit spanischer Wolle verhalf den erfolgreichen Tuchmachern zu einem weiteren Durchbruch: Die ersten Tuche wurden bereits ein Jahr nach Gründung der Sozietät auf der

Braunschweiger Messe erfolgreich verkauft. Durch die Verheiratungen in ähnlich elitären Kreisen findet man den Namen Moll in vielen wichtigen Positionen in den Archiven des In- und Auslands: Als Rats- und Gerichtsschöffen, Bürgermeister, Stadtrichter und Kirchmeister. Auch ein Landeshauptmeister entstammt der Familie Moll. Im Jahr 1815 entstand die „Moll'sche Fabrik" an der Neugasse in der Nähe des Mollplatzes, die bis Mitte der 1960er Jahr zur Textilproduktion genutzt wurde und heute Heimat der Lenneper Turngemeinde ist.

186. Barmag

Die Barmer Maschinenfabrik Aktiengesellschaft – kurz Barmag – war zuweilen mit bis zu 4.500 Beschäftigten einer der größten Arbeitgeber der Region. Der große Erfolg des Unternehmens ist auf zahlreiche innovative Erfindungen und leistungsfähige Produktionsmaschinen zurückzuführen. Als „Oerlikon Barmag" firmierend, ist das Unternehmen heute nach eigenen Angaben Weltmarktführer im Bereich Spinnanlagen für Nylon, Polyester und Texturiermaschinen. Der Standort an der Ringstraße in Lennep wurde seit der Fusion im Jahr 2007 enorm verkleinert.

187. Knusthöhe

Die Knusthöhe ist der höchste Punkt Lenneps und seit jeher bekannt für den besonderen Wasserreichtum. Noch heute befinden sich in den Kellern vieler Häuser historische Brunnen. Unterirdisch entspringt dort eine der Lennepequellen. Um 1883 stand an der Knusthöhe ein Wasserreservoir, das trotz fehlendem

Turm liebevoll Wasserturm genannt wurde. Das Dach wurde als Aussichtsplattform genutzt und galt als „Rückzugsort" für verliebte Paare. Woher die Knusthöhe ihren Namen hat, ist nicht überliefert. Vermutet wird, dass – wie beim Brot – der „Knust" ein Ende darstellt und das obere Ende der dortigen Gesamterhebung gemeint ist.

188. Greuelhaus

In Lennep gab es einst ein sogenanntes „Greuelhaus", in dem ein gräulicher Spukgeist sein Unwesen trieb. Ein Pfarrer sollte den Geist vertreiben und ging mit seinen Chorknaben in das Haus. Sie versprühten Weihwasser und der Pfarrer besprach den bösen Geist. Als sie nach verrichteter Arbeit das Haus verlassen wollten, stürzten sie allesamt die Treppe hinunter. Man sagt, der böse Geist habe Erbsen verteilt, auf welchen die Knaben und der Pfarrer ausrutschten. Seither wurde das Haus „Greuelhaus" genannt und die Straße zur „Greuelgasse".

Die Tochter einer Familie, die das Haus später bewohnte, soll den Geist gesehen haben. Sie deutete auf den Geist und der Vater versuchte ihn mit seiner Flinte zu erschießen. Davon unbeeindruckt näherte sich der Geist dem Mädchen und strich ihm über die Wange. Seither hatte sie an dieser Stelle einen großen Fleck. Mönche aus dem Minoritenkloster besprachen daraufhin erneut den Geist und trugen ihn in einem großen Korb durch die Düstergasse aus der Stadt heraus.

189. Klüngelpelz

Ein mystisches Wesen, das in Lennep sein Unwesen trieb, wurde im Volksmund „Klüngelpelz“ genannt. Das bärenähnliche Zotteltier soll in der Neugasse Bürger erschreckt haben, die noch zu später Stunde aus den Wirtschaften kamen. Man sagt, der Klüngelpelz sei eine schwarze zerlumpte Gestalt mit glühenden Augen gewesen, aus deren Lüstern beißender Qualm hervortrat.

Die Neugasse sollte ich auf dem Rückweg also sicherheitshalber mal meiden. Nicht, dass mir der Klüngelpelz noch mein Handy klaut. Lieber beobachte ich das Treiben auf dem Alter Markt. Die Lenneper scheinen ein Fest zu feiern, das ganze Dorf ist auf den Beinen.

190. Kinos in Lennep

Im Jahr 1925 hatte Lennep noch drei Kinos. Das Union-Theater am Alter Markt, das Moderne Theater am Kölner Tor und das „Alhambra“ in der Rotdornallee. Wöchentlich wurde in Lennep zum „Tag des guten Films“ geladen. Die Kinos gab es noch lange Zeit nach dem Zweiten Weltkrieg, sie mussten jedoch nach und nach aufgegeben werden.

191. König von Preußen

Im 19. Jahrhundert war es üblich, dass im Frühjahr die „Burschen“ zur sogenannten Aushebung, also Musterung, antreten mussten. In der Kreisstadt Lennep traf man sich am früheren

Stadttor und ging geschlossen zum sogenannten „Aushebungslokal". Dieses Lokal war in Lennep das ehemalige Hotel-Restaurant „König von Preußen", wo die Männer gemustert und erfasst wurden. Seit 2014 bietet das „Tortenatelier" seinen Gästen dort Torten aus eigener Herstellung. Zuvor bewirtschaftete das Ehepaar Welke das Hotel-Restaurant über 50 Jahre lang.

Ey, was soll das denn jetzt? Noch bevor die nette Stadtführerin unsere Tour beenden kann, betritt auf einmal ein Cowboy die Bühne und fängt an, lauthals zu singen, so dass ich gar nichts mehr verstehen kann. Und was soll das überhaupt für ein Lied sein?

192. Remscheid Lied

Eine musikalische Verewigung seiner Heimatstadt wünschte sich der Remscheider Frank Daub und schrieb 2015 eine Hymne für seine Stadt. Im Text stellt er nicht nur seine Verbundenheit, sondern auch die Gefühle mancher Remscheider ungeschönt zur Schau. Im Refrain heißt es:
Wie oft hab ich dich verflucht und das Weite von dir gesucht,
Wie oft war ich's einfach leid – Remscheid

Bei verschiedenen Konzertveranstaltungen präsentierte der Elektromeister seinen Song mit dem „Bergischen Wir-Gefühl" und ließ ihn sogar auf CD pressen.

Ich bin begeistert von dieser Lenneper Altstadt! Die romantischen Gassen mit den schnuckeligen Fachwerkhäuschen sind wunderschön, und der Altstadtkern hat so viel Geschichtsträchtiges zu bieten, das ich für meine Recherchen verwenden kann. Zudem wäre dies auch ein toller Ort, um Lena später mal das Ja-Wort zu geben.

193. Pfingstkirmes

Der Schützenverein Eintracht Lennep wurde im Jahr 1928 gegründet und richtet seither die Pfingstkirmes in Lennep aus. Zu früheren Zeiten wurde, meist mit wesentlich größerem Umfang, ein Rummel mit großem Fest und vielen Gebräuchen geboten. Viele sind mit den Jahren verloren gegangen, aber bis heute planen die Schützen alljährlich das traditionelle Volksfest und küren nach dem Hauptfestzug mit Marschkapelle ihren neuen König.

194. Top 10 Events in Remscheid

Auch wenn die Remscheider häufig sagen, in ihrer Stadt sei nichts los, gibt es doch einige Veranstaltungen, bei denen die ganze Stadt unterwegs zu sein scheint. **Hier die Top 10 Event-Tipps:**

Der Treff in den Sommerferien
Jeden Donnerstag in den Sommerferien gibt es auf dem Remscheider Rathausplatz kostenlos und unter freiem Himmel Live-Musik. Die Veranstaltung lief bereits unter den Titeln „Remscheid live“ sowie „Löwen-Festival“.

Winzerfest Lennep
Besser bekannt als Weinfest und beliebt bei Remscheidern jeden Alters. Winzer aus ganz Deutschland bieten bei Live-Musik ihre Weine zum Probieren an. 2012 geriet das Weinfest in die Schlagzeilen aufgrund zahlreicher Beschwerden über Alkoholexzesse, lautes Grölen, Sex und öffentliches Urinieren. Seitdem sorgt ein überarbeitetes Sicherheitskonzept für Ordnung.

Oktoberfest

Das Oktoberfest ist seit 2003 eines der Highlights im Remscheider Veranstaltungsprogramm. Dort treffen sich trotz der geografischen Distanz zum bayrischen Original jährlich tausende Menschen, kostümiert in Dirndln und Trachten, um gemeinsam zu feiern.

Housepark

Seit 2006 findet im Remscheider Stadtpark die größte Open-Air-House-Party im Bergischen Land statt. Ein Event für Fans von treibenden elektronischen Beats, sagenhaften Outfits und ausgelassenen Tanzeinlagen.

Feuerwehrfeste

Da kennt man immer jemanden! Bei den zahlreichen Feuerwehrfesten quer durch das gesamte Stadtgebiet trifft man Bekannte und kann bei Live-Musik und frischgezapftem Bier feiern. Beliebte Feste sind das der Löscheinheit Nord (Haddenbach), der Löscheinheit 16 (Hasten) sowie der Freiwilligen Feuerwehr Lennep.

EssKULTour

Kulinarischen Hochgenuss können Besucher der EssKULTour seit 2007 auf der Alleestraße erleben. Regionale Restaurants bieten drei Tage lang abwechslungsreiche und hochkarätige Speisen.

Kneipentouren durch die Innenstadt

Die Remscheider sind begeisterte Kneipengänger. Das zeigt sich bei den beliebten Kneipentouren durch Alt-Remscheid. Seit 2005 laden Kneipenwirte im September zu einer „Lokalrunde" mit Live-Musik. 2016 fand zur Earth Hour die erste „Ausgehtour" statt, bei der Gastronomen weitestgehend auf Strom verzichteten.

Nacht der Kultur und Kirchen

Seit 2004 präsentieren Kulturschaffende jährlich im Oktober quer durch ganz Remscheid, an zum Teil ungewöhnlichen Orten, ein buntes Programm aus Musik, Theater, Gestaltung, Lesungen und Film.

Public Viewing

Egal ob EM oder WM – auf dem Remscheider Rathausplatz fiebern die Remscheider gemeinsam mit der deutschen Fußball-Nationalmannschaft. Vor einer riesigen Leinwand können bis zu 5000 Menschen die Spiele bei Bier und Bratwurst verfolgen.

Open-Air Kino

Jeden Sommer findet am Hang der Gelben Villa in der Eberhardstraße über mehrere Wochen ein Open-Air Kino statt. Auf mitgebrachten Decken und bei einem Picknick lassen sich viele Remscheider von spannenden Filmen fesseln.

195. Hasenberg

Der Hasenberg entstand aus einer Hofsiedlung in den Hasenberger Gemarken bei der Panzertalsperre in Lennep im 15. Jahrhundert. Damals wurde das Gebiet zum Ackerbau genutzt, dort stand lediglich ein Wohnhaus. In den folgenden Jahren siedelten immer mehr Familien dort an, und heute ist der Hasenberg fast geschlossen mit Ein- und Mehrfamilienhäusern bebaut. Dort findet man auch den Teufelsberg, der im Winter regelmäßig zum Schlittenfahren genutzt wird.

196. Kakaoteich

Den vielsagenden Namen „Kakaoteich" erhielt die ehemalige Schwimm- und Badeanstalt in Lennep. Bürger gründeten 1871 eine Aktien-Gesellschaft, um das Freibad zu eröffnen. Durch Verschmutzung und die Errichtung einer weiteren Badeanstalt an der Wallstraße wurde der „Kakaoteich" immer weniger genutzt, sodass die Stadt eine gründliche Reinigung anordnete. Dies half jedoch auch nicht, und das Areal wurde später aufgefüllt und zu einem Tennisplatz umgebaut.

197. Panzertalsperre

Die Panzertalsperre ist nach der Eschbachtalsperre die zweitälteste Trinkwassertalsperre Deutschlands. Erbaut wurde sie von 1891 bis 1893 unter Albert Schmidt. Nach einer Erweiterung ist die Staumauer heute exakt 164 Meter lang, 3,6 Meter breit und 14,75 Meter hoch. Im Jahr 1990 wurde der Betrieb eingestellt und sie wurde nicht mehr als Trinkwassertalsperre genutzt. Die Staumauer der Talsperre ist denkmalgeschützt, ihre Zuflüsse stehen unter Naturschutz und sind ein beliebtes Ausflugsziel im Lenneper Stadtwald. Nach einer umfangreichen Sanierung ist die Staumauer der Panzertalsperre seit dem Frühjahr 2016 wieder begehbar.

198. FC Remscheid

Durch den Zusammenschluss der Vereine BV 08 Lüttringhausen und VfB Remscheid 06/08 wurde im Jahr 1990 der FC Remscheid gegründet. Gleich in der ersten Saison erzielte der neue Fußballclub seine bis heute größten Erfolge. Im DFB-Pokal kam er in das Achtelfinale, und 1991 schaffte er den Aufstieg in die Zweite Fußball-Bundesliga. Zwei drohende Konkurse Ende der 1990er Jahre endeten in einem Vergleichsverfahren, was den Verein rettete. Allerdings gab es weiterhin große finanzielle Sorgen. Ein Freundschaftsspiel gegen den FC Bayern München spielte kurzfristig Geld in die klammen Kassen. Die latente Geldnot blieb auch sportlich nicht ohne Konsequenzen, ein Abstieg bis in die Bezirksliga war die Folge.

199. Hackenberg

Der Ort Hackenberg ist urkundlich 1325 erstmalig erwähnt. Da er außerhalb der Lenneper Stadtmauer lag, nahm man die Hackenberger lange Zeit nicht allzu ernst. Den Namen trägt der Berg aufgrund des dort betriebenen „Hackbaus". Bäume wurden gefällt, die Wurzelstöcke blieben stehen und wurden mit der Hacke bearbeitet, um dort Getreide anzubauen. Nach jahrelangem Anbau ließ man den Wald wieder wachsen. Heute ist der Hackenberg mit seinem Schul- und Sportzentrum sowie dem Badeparadies H_20 ein Magnet in ganz Remscheid. Auch der Röntgenlauf startet dort.

200. Röntgenlauf

Viele Sportbegeisterte zieht es seit 2001 jährlich am letzten Sonntag im Oktober zum Röntgenlauf nach Remscheid. Der Streckenverlauf führt über den Röntgenweg, ein abwechslungsreicher und sehr anspruchsvoller Rundweg um Remscheid auf insgesamt 63,3 Kilometern Länge. Während beim Ultramarathon der gesamte Röntgenweg zu bewältigen ist, führen Marathon und Halbmarathon über Teilstrecken des Weges. Außerdem gibt es viele weitere Läufe, schon ab einer Distanz von 400 Metern für Schüler. Unter anderem wird ein Halbmarathon für (Nordic-) Walker und ein Staffelwettbewerb auf der Ultramarathon-Distanz angeboten.

Über 4.000 Sportlerinnen und Sportler sind bei dem Großevent rund um das Sportzentrum am Hackenberg in Remscheid-Lennep jedes Jahr dabei. Die Siegerehrungen, aber auch die Marathonmesse und die beliebte Pasta-Party am Vorabend des Laufes ziehen ein großes Publikum in die Sporthalle am Hackenberg und gelten als wichtiges gesellschaftliches Ereignis in Remscheid, woraus im Jahr 2004 übrigens auch die immer am Abend zuvor stattfindende „Nacht der Kultur und Kirchen“ entstanden ist.

201. H2O Sauna- und Badeparadies

Im Jahr 1975 wurde das „Gartenhallenbad Hackenberg“ als Freizeit- und Sportzentrum, unter Beteiligung des fünffachen Schwimm-Europameisters Peter Nocke, eingeweiht. Dank einer Investition von 16 Millionen D-Mark war es geeignet für den Breiten-, aber auch Hochleistungs-Schwimmsport.

An gleicher Stelle befindet sich seit 1996 das „H2O Sauna- und Badeparadies“. Steilrutsche, Whirlpools, Salinen, Natursolebecken, diverse Saunen und ein großer Außenbereich locken jährlich rund 600.000 Besucher. Heute kann man sich auf der Homepage sogar live über die aktuelle Besucherauslastung informieren. Im Jahr 2007 erhielt das H2O den Titel „Europasauna“. Viele Remscheider und Besucher von außerhalb verbringen ihre Freizeit in dem Badeparadies.

202. Balkantrasse

Die Bahnstrecke zwischen Lennep und Leverkusen wurde 1876 für den Personen- und Güterverkehr in Betrieb genommen. Der lange Weg durch das dünn besiedelte Gebiet entlang der Fahrtstrecke brachte der Bahn schnell den nicht ganz ernst gemeinten Namen „Balkan-Express“ ein.

Nach der Einstellung der Strecke im Jahr 1986 lag das Gleisbett bis zum Umbau als Rad- und Fußweg brach. Die 21 Kilometer lange „Balkantrasse“ von Lennep Bahnhof bis Burscheid-Kuckenberg wurde 2012 eröffnet. Ladestationen am Alter Markt in Lennep und an der Tennishalle Bergisch Born sind für Elektrofahrräder eingerichtet. Der Verein „Freunde und Förderer der Balkantrasse“ engagiert sich für den weiteren Ausbau der Strecke.

203. Fahrradtour Lennep

Neben zahlreichen Wanderwegen kann man Lennep wunderbar auf dem Fahrrad entdecken. Auch wenn man meint, dass die Remscheider Berge nicht gerade zu entspannten Fahrradtouren einladen, gibt es Touren für Anfänger und Freizeitradler (und außerdem ja auch E-Bikes):

„Von Lennep ins Tal der Tuche"
Dauer der Fahrt: *etwa drei Stunden*
Länge der Strecke: *22 Kilometer*
Beschaffenheit der Strecke:
Bahntrassen-Radweg, gut befahrbar und für Kinder geeignet
Highlights der Strecke: Lenneper Altstadt, Deutsches Röntgen-Museum, die Wupper, die Panzertalsperre

204. Bergisch Born

Bergisch Born, bis ins 20. Jahrhundert nur „Born" genannt, gehört zum Remscheider Stadtteil Lennep. Die Ortschaft entwickelte sich durch das dort ansässige Amt Bornefeld, welches zwischen 1350 und 1360 eine Bedeutung als Gerichtsort der Grafschaft Berg bekam. Erzählungen nach soll dort Napoleon zeitweilig gewohnt haben, bewiesen ist jedoch nur, dass eine Einheit französischer Soldaten am Born kampierte. Bergisch Born hat eine katholische und eine evangelische Kirchengemeinde. Im Sommer richtet die Freiwillige Feuerwehr ein großes Fest aus. Auch die Krammetsvogeltage, das Oktoberfest und der St. Martinszug finden in Bergisch Born statt.

205. Kräwi

Der Ausflugsort an der Wupper-Talsperre mit Wassersport- und Freizeitanlage wird von den Remscheidern oft nur „Kräwi" genannt – aufgrund der Kräwinklerbrücke. Diese liegt im Remscheider Stadtteil Engelsburg am Ufer der Wuppertalsperre. Die erste Erwähnung der Brücke ist auf das Jahr 1399 zurückzuführen, die damals noch als Holzbrücke stand und immer wieder restauriert und erweitert werden musste. Im Jahr 1968 wurde die heutige Spannbetonbalkenbrücke errichtet und die Holzbrücke versank 1987 in der Wupper. Auch Überreste von überspülten Ortschaften sind in dem Gewässer zu finden.

Die Freizeitanlage rund um das Gewässer bietet viele Möglichkeiten zum Wandern und Spazieren. Im Sommer wird das Gebiet zum Schwimmen, Sonnenbaden, für Bootsfahrten, zum Angeln und Tauchen genutzt.

So, genug Interessantes über Lennep gesammelt. Jetzt muss ich bei einem kühlen Blonden doch mal schauen, was dieses Fest hier zu bieten hat. Und vielleicht treffe ich ja den Klüngelpelz.

Lüttringhausen

Aua, mein Kopf! Noch bevor ich meine Augen öffne, realisiere ich, dass ich meinen über vierzig Jahre alten Körper nicht mehr dauerhaft solch einer hohen alkoholischen Belastung aussetzen kann. Früher hat er das noch mit Leichtigkeit weggesteckt, heute spüre ich beim Aufstehen jedes Blutkörperchen.

Der Versuch nach meinem Handy zu greifen um die aktuelle Uhrzeit herauszufinden und mich über das während meines Schlafes verpasste Weltgeschehen zu informieren, misslingt. Neben der Matratze sehe ich lediglich ein Ladekabel ohne Smartphone baumeln. Wo habe ich das Teil denn wieder hingelegt? Ich krieche durch die Wohnung, durchwühle den Wäscheberg, schaue in der Küche und im Bad, aber außer meinem Portemonnaie, einem Busfahrticket und meinem Taschenmesser mit eingebautem Flaschenöffner finde ich nichts.

Das ist eine Katastrophe! Auf diesem Smartphone ist mein Leben gespeichert! Da sind alle meine sozialen Kontakte hinterlegt, meine Fitnesswerte, meine Lieblingslieder, meine Erinnerungen in Bild und Ton. Viel schlimmer aber noch: Alle bisher gesammelten Informationen über Remscheid, die ich so dringend benötige!

Ich versuche mich an den gestrigen Abend in Lennep zu erinnern. Nach der Erlebnisführung hat uns die Stadtführerin am Alter Markt verabschiedet, und ich habe mich natürlich nicht getraut, mehr über meine geliebte Lena zu erfragen. Es gab einen unfassbaren Menschenauflauf, die Lenneper probierten Weine aus der ganzen Welt und tanzten zu den fetzigsten Songs aus den 70ern, die ein Cowboy mit seiner Gitarre zum Besten gab. Auch wenn Rolf Steinberger nun wirklich alles macht außer tanzen, an diesem Abend haben mich Wein und Bier wohl umgestimmt. Ich erinnere mich, wie ich mit den hübschen Damen eines Junggesellinnenabends ausgelassen gefeiert habe. Hatte ich da mein Handy noch? Und wie bin ich eigentlich nach Hause gekommen? So ein Mist!

Ein Taschenmesser, ein alter Laptop und eine halbleere Flasche Rotwein. Was würde MacGyver jetzt wohl tun? Ich lasse den Wein und das Taschenmesser erst mal beiseite und schnappe mir den Laptop. Ein Gutes haben diese neumodernen Funktelefone ja, sie verfügen über GPS-Technik. Es erscheint mir wesentlich sinnvoller, das Smartphone zu orten, als mit diesen Kopfschmerzen durch Lennep zu irren. Zwei, drei Klicks, und es ist soweit. Eine Landkarte öffnet sich, und ein roter, blinkender Pfeil markiert den Standort meines Telefons. Es kommt mir vor wie ein Wunder. Es klappt tatsächlich!

Der Pfeil zeigt auf den Mollplatz in Lennep. Vermutlich befindet sich dort der Dieb, der mir das Handy beim Tanzen gestohlen hat. Ich springe instinktiv auf, werfe mir die Motorradjacke über die Schulter und schnappe mir Busticket, Taschenmesser und den Laptop. Die Busfahrt nach Lennep kommt mir heute irgendwie viel angenehmer vor. Vielleicht, weil ich weiß, was mich erwartet. Ich träume kurz davon, wie ich nach meiner Ankunft die vier Stadttore Lenneps schließen lasse, die Wachen mit zum Mollplatz nehme, den Täter überführe, und wie ihm am Galgenbüschchen seine gerechte Strafe zuteil wird.

Was ist denn jetzt los? Noch bevor ich am Mollplatz ankomme, ändert sich langsam der Standort des roten Pfeils auf meinem Bildschirm. Der Täter scheint meine Ankunft schon zu fürchten und beginnt seine ausweglose Flucht. Da sich der Pfeil in meine

Richtung bewegt, beschließe ich schon am Lenneper Bahnhof auszusteigen und dem Dieb den Weg abzuschneiden. Vor dem alten Bahnhofsgebäude checke ich nochmal den Standort, und jetzt ist es gleich so weit, er wird in wenigen Sekunden direkt vor mir stehen. Mit meinem Handy, das ich so dringend benötige.

Doch obwohl der Pfeil nun genau auf meinen Standort zeigt, sehe ich nichts. Kein Mensch weit und breit. Es fahren ein, zwei Busse vorbei, aber ein Taschendieb ist nicht in Sicht. Ich warte noch ein paar Minuten und sehe dann, dass der Pfeil weiter in Richtung Trecknase wandert. Das kann doch nicht sein, wie konnte er mir bloß entwischen?

Mein Handy reist weiter in Richtung der Remscheider Innenstadt. Um den Täter zu überlisten, beschließe ich ihm den Weg abzuschneiden und nehme den nächsten Zug in Richtung Remscheid Hauptbahnhof, der schon auf dem Gleis bereitsteht. Auf dem Friedrich-Ebert-Platz stoppt der Pfeil erneut. Dort laufe ich nun hin, um dem Spuk ein Ende zu bereiten und den Täter der Polizei zu übergeben.

Am Friedrich-Ebert-Platz angekommen, merke ich, dass es so leicht nicht wird. Hier steht eine Vielzahl von Bussen und jede Menge Menschen warten in kleinen Wartehäuschen auf ihren Bus. Ich versuche den Standort so genau wie möglich zu ermitteln, aber eine Ungenauigkeit von fünf Metern muss man beim Räuber-Geocaching wohl akzeptieren. Der Täter sitzt somit entweder in der Linie 654 in Richtung Klausen oder in der 670 in Richtung Honsberg Sportplatz. Spontan entscheide ich mich für die Linie 654 und kann gerade noch einsteigen, bevor sich die Türen schließen.

In der Tat habe ich ein gutes Gefühl bewiesen. Der Pfeil bewegt sich nun dauerhaft genau in meinem Umkreis. Mein Handy ist also jetzt gerade hier in diesem Bus. Vier Menschen kommen als Täter in Frage: Eine Mutter mit Kind, ein älterer Herr mit Wanderstock und der Busfahrer. Ich beschließe zunächst alle vier Personen intensiv zu beobachten. Am Jägerwald steigt die Mutter mit ihrem Kind aus. Der Pfeil verrät mir, dass sich das Handy weiter im Bus befindet. Der ältere Herr verlässt den Bus an der Diepmannsbacher Straße. Abgesehen davon, dass ich ihm so viel kriminelle Energie nicht zutraue, scheint er eine größere Wanderung in Angriff zu nehmen, weswegen ich weiter im Bus bleibe. Ich schlussfolgere, dass der Busfahrer mein Handy haben muss. Noch bevor ich ihn zur Rede stellen kann, steigt er am Lüttringhauser Rathaus aus seiner Kabine und steuert geradewegs auf mich zu. Meine Hände werden schwitzig. Ich greife in meine Jackentasche, habe aber nicht genug Mut, das Taschenmesser zu ergreifen. Der Fahrer kommt näher und sagt lächelnd: „Junger Mann, Ihnen ist das Handy aus der Tasche gefallen!“

Ich bin schockiert. Schaue unter meinen Sitz, wo der Fahrer hinzeigt, und in der Tat, da liegt es! Vollkommen unberührt. Mein Smartphone. Es muss mir wohl bei meiner Rückfahrt vom Weinfest aus der Tasche gefallen sein und seitdem in diesem Bus mehrere Stadtrundfahrten durch Remscheid gemacht haben.

Ich bedanke mich bei dem freundlichen Busfahrer und steige beschämt aus. So eine GPS-Schatzsuche kann wirklich nur ich erleben! An der Bushaltestelle am Lüttringhauser Rathaus sehe ich eine Hinweistafel, die für einen „Online Stadtführer“ wirbt. Mit einem Smartphone ausgestattet kann man durch Einscannen eines QR-Codes an 68 Bushaltestellen in Remscheid etwas zum jeweiligen Ort erfahren. Für mich eine erstklassige Gelegenheit, um mich in Lüttringhausen etwas genauer umzuschauen.

206. Lütterkusen

Der Sage nach war der Kreuzbruder Lothar in der Nähe von Remscheid auf Wanderschaft, als ein Unwetter mit Donnern und Blitzen aufkam und den Kreuzbruder ängstigte. Er gelobte, wenn das Unwetter ihn verschone, sich an dem Ort niederzulassen.

So kam es, und es entstand die Bezeichnung „Ludolfs manche Behausungen", aus der die verschiedenen Namen Lüttringhausens entstanden: 1312 hieß die Ortschaft Überlieferungen zufolge Luthelminchusen, später Lutmesmynchusen und 1555 Lutterkusen.

Bis zur Eingemeindung in Remscheid 1929 war Lüttringhausen eine selbstständige Stadt. Über Remscheid hinaus bekannt ist die in Lüttringhausen ansässige Evangelische Stiftung Tannenhof wie auch die Justizvollzugsanstalt.

207. Lüttringhauser Stadtwappen

Das Wappen von Lüttringhausen zeigt den Bergischen Löwen in Rot mit blauen Krallen, blauer Zunge und zwei Schwänzen. Getrennt durch einen schwarzen Wechselzinnenbalken zeigt es darunter ein rotes Kreuz, welches für den Kreuzorden aus Beyenburg steht. Dieser hat mit der Kreuzkirche und Kreuzbergstraße bis heute Spuren in Lüttringhausen hinterlassen. Oben auf dem Wappen ist eine Mauerkrone mit drei Türmen und einem roten Tor zu sehen.

208. Altstadt

Die ersten schriftlichen Erwähnungen einer Ortschaft Lüttringhausen stammen aus der Mitte des 12. Jahrhunderts. Damals spielte sich das Leben in dem heute als Altstadt bekannten Gebiet rund um die Kirche ab. Die Häuser standen seit jeher eng aneinander, wodurch sich Feuer oft rasend schnell verbreiteten.

Die Jahre von 1770 bis 1780 werden als „wirtschaftliche Hochblüte“ bezeichnet. In Lüttringhausen wurden zwanzig Seidenwebstühle, 62 Hämmer und 215 Schmieden gezählt, bis zu 2500 Menschen fanden zu der Zeit Arbeit in Lüttringhausen.

209. Stadtkirche

In Lüttringhausen stellt die Stadtkirche eines der bedeutendsten Bauwerke und den Mittelpunkt der Altstadt dar. Bereits um 1300 gab es wohl schon eine erste Kirche, die später nach einem verheerenden Stadtbrand wiederhergestellt werden musste und in ihrer jetzigen Form seit 1735 besteht. Im ältesten bestehenden Sakralbau in Lüttringhausen findet bis heute die evangelische Kirchengemeinde im Ort Platz. Die Stadtkirche ist eine der ersten Kirchen gewesen, die nach der Bauart der „Bergischen Dreieinigkeit“ errichtet wurde.

210. Volksbühne

Im Ortskern von Lüttringhausen werden traditionell im Sommer auf der Freilichtbühne Mundartstücke in Bergischem Platt aufgeführt. Seit 1928 finden auf der Volksbühne Heimatspiele statt. Der Verein der „Lüttringhauser Mundart“ führt meist humorvolle und lebensbejahende Stücke in Eigenregie auf.

211. Briefkasten

Auf der Richthofenstraße vor der Evangelischen Stadtkirche lässt sich ein kleines blaues Schmuckstück entdecken. Ein verzierter und verschnörkelter gold-blauer Briefkasten. Auf den ersten Blick würde man denken, er hinge dort schon seit Hunderten von Jahren. In Wirklichkeit handelt es sich um eine beeindruckende Nachbildung der Briefkästen aus der Kaiserzeit. Im Zuge der Wiederherstellung der Denkmalanlage rund um die Kirche wurde auch der Briefkasten restauriert. Der zumindest historisch anmutende Briefkasten wird täglich von der Deutschen Post geleert.

212. Bergischer Baustil

In vielen historischen Ortskernen des Bergischen Landes finden sich die für das Gebiet typischen Fachwerkhäuser - nach der Bauweise des Bergischen Dreiklangs mit schwarzen Balken, weißen Lehmgefachen und grünen Fensterläden. Wer es sich leisten konnte, lies zum Wetterschutz grauschwarze Schieferplatten anbringen. Je nach Stand und Reichtum ließ man sich alle Hausseiten verschiefern oder nur diejenigen, die besonders stark Wind und Wetter ausgesetzt waren. In den historischen Ortskernen von Lennep und Lüttringhausen lassen sich noch zahlreiche Häuser dieser Bauweise begutachten. An einigen fällt auch eine

Art Vorsprung unterhalb des Dachgiebels auf. Dies sind die so genannten Kranbalken, die man brauchte, um Gegenstände auf dem Dachboden zu lagern. Da die meisten Keller feucht waren, lagerte man beispielsweise Strohballen unterm Dach. Mittels eines Flaschenzugsystems zog man sie hoch zum Dachboden.

213. Sheds

In der Weberstadt Lüttringhausen arbeiteten viele der Bandwirker in ihrem eigenen Wohnhaus. An ihre Häuser bauten sie kleine, lichtdurchflutete Werkstätten, sogenannte Sheds. Kinder, Frauen und auch die Großeltern waren dort gemeinsam beschäftigt. Bürgermeister Gertenbach initiierte schließlich auch Gemeinschaftsgebäude in Herbringhausen und Frielingshausen, die an die Bandwirker genossenschaftlich vermietet wurden, da die privaten Sheds für die steigende Auftragslage zu klein wurden. Einige dieser Anbauten sieht man heute noch an Schieferhäusern der Lüttringhauser Altstadt.

214. Der verborgene Schatz

Einer Sage nach liegt in dem Wald am Schmittenbusch ein riesiger Schatz vergraben, der von einem noch riesigeren schwarzen Hund bewacht wird. Viele Lüttringhauser suchten den Wald nach dem Schatz ab und folgten dem Hund unauffällig, damit dieser sie zu dem Schatz führte. Doch die Suche war bislang vergeblich und auch der Riesenhund wurde schon lange nicht mehr gesehen.

215. Rathaus Lüttringhausen

Das Rathaus liegt im Zentrum Lüttringhausens an der Kreuzbergstraße. Die Straße erhielt den Namen, da an der Stelle des Rathauses ursprünglich ein großes Holzkreuz stand und eine Kirche erbaut werden sollte. Der Bürgermeister Richard Gertenbach überzeugte die Gemeinde, dass der Platz besser für ein Rathaus geeignet wäre und tauschte das Grundstück mit einem an der Richard-Pick-Straße, wo heute noch die Heilig-Kreuz-Kirche steht.

Das denkmalgeschützte zweigeschossige Rathaus wurde im Jugendstil erbaut und im Jahr 1908 eingeweiht. Besonders markant ist der achteckige, verschieferte Rathausturm mit seiner Turmuhr. Im Jahr 2008 wurde das Gebäude saniert und mit einer Beleuchtung ausgestattet, die das historische Gebäude in Szene setzt. Heute wird das Rathaus unter anderem als Verwaltungsgebäude, Sportamt und Polizeidienststelle genutzt. An bestimmten Tagen kann es samt Turm besichtigt werden.

216. Bandwirkerbrunnen

Der Bandwirkerbrunnen der Künstlerin Ulle Hees neben dem Rathaus Lüttringhausen erinnert daran, dass Lüttringhausen traditionell eine Weberstadt war. Immer wieder wurden in alten Urkunden vereinzelte Bandwebereien oder wie man in Lüttringhausen sagt, „Bandwirker“ erwähnt. Den Durchbruch erzielte die Weberstadt 1849 mit der Produktion von feinsten Seidentüchern für den Adel. Die „Knösterei“ der hiesigen Bandweber zahlte sich aus, es gab viele Spezialanfertigungen, die von hier aus ins Land geschickt wurden. Strumpfbänder, Schürzenbesätze, Hutbänder und auch Hosenträger wurden in Lüttringhausen in feinster Qualität hergestellt.

Auch heute noch gibt es in Lüttringhausen einige Bandwebereien mit regelmäßigem Werksverkauf. Europaweit hat das Örtchen eine gute Marktstellung im floristischen, medizinischen und dem industriellen Einsatz seiner Bandweberprodukte.

217. Top 3 der Weihnachtsmärkte

Zur Weihnachtszeit wird es in ganz Remscheid besinnlich. Bei Glühwein und Bratapfel lässt sich die kalte Jahreszeit bei strahlender Weihnachtsbeleuchtung und bekannten Weihnachtsliedern genießen. Quer durch die großen Stadtbezirke Remscheids finden jährlich beliebte Weihnachtsmärkte statt:

Lüttringhauser Weihnachtsmarkt
Seit den 1970er Jahren erfreut sich der ideelle Lüttringhauser Weihnachtsmarkt mit den romantischen Herrenhutersternen am ersten Adventssonntag großer Beliebtheit. Vereine und Initiativen bieten dabei Kunsthandwerk, Geschenke sowie verschiedene Speisen und Getränke.

Weihnachtsmarkt Remscheid
Auf dem Remscheider Rathausplatz sorgt ein großer Weihnachtstreff mit kulinarischen Leckereien und Musik für eine tolle Atmosphäre. Die Eislaufbahn rund um den Löwen ist das Highlight für Schlittschuhfahrer und Eisstockfans. Zum Bedauern vieler Remscheider bleiben Kunsthandwerker zumeist dem Remscheider Weihnachtsmarkt fern.

Lenneper Weihnachtsmarkt

Den ältesten Remscheider Weihnachtsmarkt findet man in der Lenneper Altstadt. Der ideelle Weihnachtsmarkt am zweiten Advent findet auf dem oberen und unteren Alter Markt statt. Alle Einnahmen werden an karitative Zwecke gespendet.

218. Klausen

Der Ortsteil Klausen in Lüttringhausen ist 1471 unter dem Namen „Clauhausen“ erstmalig urkundlich erwähnt und vermutlich vom Familiennamen der ersten Ortsbewohner abgeleitet. Aus zunächst zwei Hofschaften entwickelten sich die sechs Höfe Blombach, Fischer, Grund, Hilbert, Kohlbruch und Wette. Drei denkmalgeschützte und besonders gut erhaltene Fachwerkhäuser aus dem 18. Jahrhundert sind dort zu entdecken. Die Siedlung „Klauser Feld“ erreichte 1997 den zweiten Platz im Bundeswettbewerb „Die beste Kleinsiedlung“. Am Klausen in der Lockfinkerstraße wurde das Schulzentrum Klausen mit Gymnasium, Hauptschule und Grundschule angesiedelt.

Die Hauptschule wurde wegen schwindender Schülerzahlen geschlossen und das Gebäude der Grundschule Eisernstein durch ein Feuer zerstört.

219. Justizvollzugsanstalt

Nach dem Beschluss, ein „Königliches Gefängnis“ in Lüttringhausen zu errichten, begannen 1902 an der Masurenstraße die Bauarbeiten mit einem Budget von 1,3 Millionen Mark. Der Innenausbau wurde von den ersten Häftlingen selbst übernommen.

Mit 550 Plätzen nahm das Gefängnis 1906 den Betrieb auf. In der Zeit des Nationalsozialismus wurde mit 750 Gefangenen die Kapazität deutlich überstrapaziert. Mehr als die Hälfte der Inhaftierten waren politische Gefangene. Eingesetzt wurden sie zum Autobahnausbau und zur Beseitigung von Kriegsschäden. Der Zivilcourage des Anstaltsleiters Dr. Karl Engelhardt verdankten etliche Gefangene ihr Leben. Er manipulierte Listen und erfand immer wieder Ausreden, um den nahezu sicheren Abtransport zur Hinrichtung für Gefangene zu verhindern. Trotz seines Einsatzes fanden am 13. April 1945, drei Tage vor dem Einmarsch der Alliierten, circa 60 Häftlinge den Tod durch Erschießen in der Wenzelnbergschlucht in Langenfeld. Eine Gedenktafel an der Außenmauer der JVA erinnert an die Opfer.

Die Justizvollzuganstalt besteht heute aus geschlossenem und offenem Vollzug für Männer. Sie wurde 1962 um ein Werkstattgebäude und 1980 um eine Wäscherei erweitert. Eine moderne Jugendarrestanstalt befindet sich ebenfalls auf dem Gelände an der Masurenstraße.

Von der Altstadt mache ich mich nun auf zu einem Spaziergang durch das Gelpetal. Es gibt doch nichts Schöneres als eine ausgedehnte Wanderung. Außer Lena natürlich. Werde ich sie jemals wieder aus meinem Kopf bekommen?

220. Gelpetal

Teils in Lüttringhausen gelegen, befindet sich im Gelpetal ein bewaldetes Naherholungsgebiet. Dort vereinen sich die beiden Bäche Gelpe und Saalbach und münden in den Morsbach. In dem Tal wurde Überlieferungen zufolge bereits im Mittelalter Eisen verarbeitet. Die alten Hämmer wurden bis zur Mitte des 20. Jahrhunderts genutzt und teilweise zu Fabriken ausgebaut. Auf dem 1980 eingeweihten Industrie-Geschichtslehrpfad werden auf Tafeln die historischen Stätten erklärt.

Der „Rundwanderweg A2" führt vom Wanderparkplatz Zillertal aus entlang der Gelpe, wo sich heute noch vereinzelt Überreste der zahlreichen Hämmer und Kotten finden lassen.

221. Halbeck

Halbach wird als „uralter Hof" im oberen Morsbachtal zwischen Remscheid und Ronsdorf bereits um 1400 erwähnt. Er galt im 16. Jahrhundert als eines der größten Schatzgüter des Amtes Beyenburg. Der Name stammt vom plattdeutschen „hal", das trocken oder dürr bedeutet. Es ist überliefert, dass die Bewohner immer wieder in den benachbarten Mühlen mahlen lassen mussten, wenn der Halbach wegen Wassermangels versagte.

222. Hilbertshammer

Schon 1460 entstand am Leyerbach Überlieferungen zufolge ein erstes Hammerwerk. Seinen Namen bekam der Hilbertshammer 1648 durch seinen damaligen Besitzer Johannes Hilberts. Im Raffinierhammer wurde aus Eisenbrocken hochwertiger Raffinierstahl gefertigt, eine Frühform des heute bekannten Edelstahls. Bis 1943 dauerte die Produktion an, seitdem ist der Hilbertshammer im Besitz der Firma Gustav Grimm.

Diese erhält das Bauwerk sowie die technischen Einrichtungen und hat dort bis vor wenigen Jahren sogar noch Lehrlinge ausgebildet. Das an ein Hexenhaus erinnernde Gebäude kann auf Anfrage besichtigt werden.

223. Ulengroth

Der Ortsteil „Op Ölingrath“ (ab 1630 als Ullingraedt bezeichnet) befindet sich im Quellgebiet des Grunder Siepens zwischen Lüttringhausen und Langenhaus. Der Name stammt von der wasserreichen Wiesenlandschaft, denn im Plattdeutschen heißt die Aue „Öhl“.

224. Grund

Die Ortschaft Grund im Stadtbezirk Lüttringhausen wurde im Jahr 1547 erstmals als Hofschaft „Indeme grunde“ urkundlich erwähnt. Die Bezeichnung Grund leitet sich vom mittelhochdeutschen „Tal“ oder „Schlucht“ ab.

Vielen Remscheidern ist die Ortschaft bekannt durch die Naturschule Grund, zu der bereits zahlreiche Schüler Ausflüge unternahmen. Die Umweltbildungsschule „Naturschule Grund“ besteht seit 1997 und wird vom „Förderverein für Umweltbildung“ betreut. Die alte, leerstehende Schule Grund wurde hierfür – unter Gesichtspunkten der sinnvollen Energieverwendung – für die Besucher saniert. Auf dem 3.000 Quadratmeter großen Außengelände gibt es unter anderem eine Kräuterspirale, ein Feuchtbiotop und ein Insektenhotel. Das nahe Waldgebiet und eine Streuobstwiese werden ebenfalls in die pädagogische Arbeit des Vereins einbezogen.

225. Falknerei

Die „Falknerei Bergisch Land" beherbergt Falken, Adler, Geier, Eulen und Bussarde, die man bei eindrucksvollen Flugschauen im Freien oder in einer Flughalle bewundern kann. Darüber hinaus kann man die Vogelarten wie in einem Zoo bestaunen und selbst zum „Falkner für einen Tag" werden. Die Falknerei befindet sich in Lüttringhausen im idyllischen Ort Grüne.

226. Die Grüne

Auf 278 Höhenmetern befindet sich der Ort mit dem selbstbeschreibenden Namen „Grüne". Die Ortschaft besteht aus lediglich vier Wohnhäusern. Das Tanzlokal „Zur Grüne" hatte sich einst weit über die Stadtgrenzen hinaus einen Namen gemacht und galt mit seiner idyllischen Lage als Top-Adresse für rauschende Feste. Mit einem neuen Namen („Gruene 1" bzw. „Green-Lounge") wurde 2008 versucht das Lokal wie in früheren Zeiten zu beleben. Ein Brand zerstörte das Gebäude im Jahr 2012.

227. Begräbniswald

Das Waldgebiet Kempkenholz wird seit 2014 für eine besondere Art von Bestattungen genutzt. In dem sogenannten „Begräbniswald" wird die Asche des Toten im Wurzelbereich eines Baums verstreut. Vor seinem Tod kann man sich mit dem Revierförster einen „Bestattungsbaum" aussuchen und erhält ein Nutzungsrecht von 50 Jahren. Die Pflege wird der Natur überlassen und außer einer Nummerierung der Bestattungsbäume wird keine Kennzeichnung vorgenommen.

228. Diepmannsbachtal

Das heutige Naturschutzgebiet im Diepmannsbachtal war im 17. Jahrhundert rund um den Diepmannsbach mit mehreren Hämmern und Kotten bestückt. Um 1617 ist eine Walkmühle urkundlich erwähnt. Zudem siedelten sich eine Spinnerei, ein Schleifkotten und die Fahrradfabrik „Elite“ an. Dort zu finden sind heute noch Überreste des Bärenhammer, Danielshammer und des Sirachskotten, die Teichanlagen erinnern an die frühere gewerbliche Nutzung. In dem 46 Hektar großen Naturschutzgebiet unter der 275 Meter langen Autobahnbrücke von 1939 befindet sich rund um das „Jagdschlösschen“ eine Minigolfanlage. Das Tal ist Knotenpunkt einiger attraktiver Wanderwege und beliebtes Ausflugsziel.

229. Sirachskotten

Schriftlichen Überlieferungen nach ist der Sirachskotten im Süden Lüttringhausens im Diepmannsbachtal erst im Jahr 1607 erstmals erwähnt, vermutlich begann der Betrieb dort aber weitaus früher. Bernd Stursberg und sein Sohn betrieben Hammer und Kotten, diese gingen dann an den Enkel Sirach über – daher der heutige Name. In den folgenden Jahren wechselten die Besitzer immer wieder. Durch einen Brand 1848 und die Bombennacht 1943 wurde der Kotten zweimal komplett zerstört, aber immer wieder aufgebaut. Otto Diederichs errichtete den Kotten nach dem Zweiten Weltkrieg erneut, da er dort im Grünen seinen Lebensabend verbringen wollte. Zwischen dem Sirachskotten und der Hermannsmühle befindet sich ein Denkmal, das an einen Güldenwerther Bürger erinnert, der zur Zeit der französischen Besatzung beim Schmuggeln erwischt und erschossen wurde.

230. Daak, Reen, Pareplü

Remscheid ist bekannt für sein regenreiches Wetter. Wenn „et am reenen es“ sollte man einen Regenschirm dabeihaben. Zum Beispiel einen „Daak“, abgeleitet von „Dach“, oder einen großen Familienschirm, den „Pareplü“ (vom Französischen „parapluie“).

So ist es auch klar, dass ein weltweit bekannter Schirmproduzent in Remscheid ansässig ist. Im Jahr 1955 gründete Guenther Fassbender mit seiner Frau Margot eine Firma, die zunächst auf den Export von Werkzeug nach Asien und Fernost spezialisiert war. Ein Jahr später tritt Gerhard Giesel in das Unternehmen ein und ergänzt die Exporttätigkeiten um verschiedenste Produkte wie Bier, Rosenkohl und TV-Geräte. Gründer Guenter Fassbender tritt 1960 aus dem Unternehmen aus, und nach dem plötzlichen Tod Margots Fassbenders 1964 wird Gerhard Giesel Alleininhaber. Durch einen Kontakt nach Japan stehen fortan Regenschirme an erster Stelle des Unternehmens. Es vertreibt heute weltweit Schirmgestelle.

In den 1980er Jahren entwickelte das Unternehmen unter dem Namen FARE die Weltneuheit „Schwupps“, den ersten automatisch öffnenden und schließenden Taschenschirm. Seit den 2000er Jahren wächst das Remscheider Unternehmen zunehmend und engagiert sich mit dem Projekt „Remscheider Schirm für Flüchtlinge“ auch gesellschaftlich.

231. Bergische Eisenstraße

Die Bergische Eisenstraße war ein wichtiger Bestandteil für die Remscheider Eisen- und Werkzeugindustrie. Das benötigte Roheisen wurde vom 16. bis 18. Jahrhundert aus dem Sauer- und Siegerland über diese historische Transportstrecke nach Remscheid gebracht. Aufzeichnungen zufolge wurden im Jahr 1791 über 6.000 Tonnen Eisen und Stahl auf über 12.000 Karren über die „Yser-Stras“ transportiert. Ab 1780 verlor diese jedoch mit dem Bau befestigter Straßen an Bedeutung. Ein Teilstück der Strecke zwischen dem Goldenbergshammer und Hückeswagen ist als Bodendenkmal geschützt, da dort bis heute Hohlwege der Karren zu erkennen sind.

232. Stiftung Tannenhof

Die Stiftung Tannenhof wurde nach dem Landesarmengesetz von 1891 geplant. Etwa 100 Gemeinden hatten sich um den Bau einer gemeindenahen Psychiatrie beworben, der Lüttringhauser Bürgermeister Gertenbach erhielt den Zuschlag. Auf 40 Hektar Land entstand die Stiftung Tannenhof, die 1896 eingeweiht wurde. Neu war die Bauweise im Pavillonstil mit Patientenhäusern, Festsaal, Küche, Waschhaus und Verwaltung.

Heute sorgt die Evangelische Stiftung Tannenhof an der Remscheider Straße als Fachkrankenhaus mit über 500 Betten, Tageskliniken und Ambulanzen für die psychiatrische Pflichtversorgung der Städte Remscheid und Wuppertal. Zudem wird im Bereich Integration ein Wohnverbund für 170 Menschen angeboten. Die Stiftung bildet zahlreiche Kranken- und Pflegeangestellte im „Diakonischen Bildungszentrum Bergisch Land“ aus. Auch eines der 13 Demenz-Service-Zentren des Bundeslandes NRW befindet sich auf dem Gelände der Stiftung, wo Erkrankte und Angehörige betreut werden.

233. Tapferer Widerstand

In der Zeit des Nationalsozialismus begann ein dunkles Kapitel für psychiatrische Patienten in Deutschland. Im Jahr 1939 entstand der Erlass zur „Tötung lebensunwerten Lebens“. Auch die evangelische Stiftung Tannenhof in Lüttringhausen erhielt Fragebögen, um „entsprechende Patienten“ zu identifizieren. Zunächst weigerte sich die damalige Anstaltsleitung und verzögerte unter verschiedenen Begründungen und Ausflüchten den Rücklauf der Fragebögen. Pfarrer Fritsch und Dr. Stein fälschten unter persönlicher Gefahr Urkunden und „machten“ aus Juden „Arier“. So wurden etwa zehn bis 14 jüdische Patienten vor dem sicheren Tod bewahrt. Trotz des beherzten Widerstandes wurden zwei jüdische Patienten, Ilse Gutmann und Siegfried Marienthal, abgeholt und getötet. Stolpersteine auf dem Gelände erinnern an ihr Schicksal.

234. Garschagen

Garschagen befindet sich in Lüttringhausen an der Grenze zu Wuppertal und ist unterteilt in die drei Wohnplätze Obergarschagen, Mittelgarschagen und Untergarschagen, die durch landwirtschaftliche Flächen verbunden sind. Die Ortsbezeichnung stammt von einem Familiennamen und der ehemaligen Honschaft Garschagen aus dem 16. Jahrhundert. Früh siedelten sich dort Tuchmacher an, die wohl Vorfahren der Familie Garschagen waren. Der Namensteil „Gar“ soll von „Ger“, dem Speer der Germanen, abgeleitet sein. Die Speerspitzen finden sich auch im Familienwappen wieder. Am Garschagen stand einst ein Schulgebäude, in dem Daniel Schürmann tätig gewesen sein soll.

235. Lustige Ortsnamen

Durch historische Ortsnamen und den bergischen Dialekt entwickelten sich in Remscheid einige Straßennamen, die für Ortsfremde wohl sehr belustigend klingen könnten.

Rotzkotten
Dicke Eiche
Garnixhäuschen
Nüdelshalbach
Farrenbracken
Kraspütt

Wie ich die Remscheider bis jetzt kennen gelernt habe, fallen denen noch viele weitere ein! An dieser Stelle sollte man bei der Veröffentlichung meines Buchs auf jeden Fall erwähnen, dass jeder Remscheider gerne lustige Wörter und Straßennamen einschicken kann. Am besten direkt per E-Mail an info@378meter.de.

Süd

Die Pizzakartons vermehren sich in der Küche mittlerweile schneller als die Striche der erledigten Dinge auf meiner Küchenwand. Nun ist Halbzeit. 14 Tage habe ich noch, um alles auf Papier zu bringen und abzuliefern. Mich beschleicht das Gefühl, dass diese Wette noch lange nicht gewonnen ist.

Was mir noch fehlt auf meiner Reise durch Remscheids Stadtteile, ist der Süden. Während man in anderen Städten klangvoll von der Südstadt spricht, hat man nach meinen ersten Recherchen in Remscheid einfach sämtliche Bezirke, die auf „hausen“ enden, zu einem griffigeren Süd zusammengefasst. Egal ob Ehringhausen oder Bliedinghausen, es scheint, als wolle keiner hin, aber auch keiner so recht weg.

Noch bevor ich mir im völlig überfüllten Bus gen Süden einen Haltegriff schnappen kann, fährt der Bus an, und ich werde unerwartet in die Menge geschleudert. Im Fallen spüre ich, wie meine Arme aufgefangen werden. Ein durchtrainierter und gutaussehender Mann im Anzug und mit sehr gepflegtem Erscheinungsbild hilft mir auf die Beine. Ehe ich mich bedanken kann, platzt es aus ihm heraus: „Hallo, Herr Steinberger, was machen Ihre Recherchen?“ Woher kennt der meinen Namen? Und warum weiß er von meiner Wette? Vermutlich realisiert er sofort die Fragezeichen auf meinem Gesicht, denn er schiebt hinterher: „Ich heiße Talip. Ich bin Rechtsanwalt, und meine Kanzlei befindet sich in der Hindenburgstraße. Mittlerweile spricht ja die ganze Stadt über Sie!“ Entgeistert ant-

worte ich nur: „Wirklich? Ja, ähm, genau ... ich bin Rolf. Und äh ... vielen Dank, dass Sie mir aufgeholfen haben.“

Talip lacht. „Sehr gerne! In Remscheid kennt ja jeder jeden. Manchmal kommt man sich hier vor wie in einem Dorf. Wie kommen Ihre Recherchen denn voran?“

Ich erzähle Talip von meinen Fortschritten und meinem Plan, den Remscheider Süden genauer unter die Lupe zu nehmen. Bevor ich etwas einwenden kann, steigen wir am Rosenhügel aus dem Bus und er lädt mich zu sich ein, um mir seine Geschichte zu erzählen.

Ich bin überrascht und begeistert! Talip lebt seit seiner Geburt in Remscheid, hat Jura studiert und ist der deutschen Sprache vermutlich mächtiger als ich. Er erzählt mir bei dem ein oder anderen leckeren schwarzen Tee, dass er zwar türkische Wurzeln hat, aber Remscheid seine Heimat ist. Hier hat er als Kind bei TuRa Süd das Fußball spielen gelernt, am Zentralpunkt seine erste Freundin geküsst und sich in einem Restaurant in Ehringhausen als Kellner sein erstes Geld verdient.

Bevor wir uns verabschieden, drückt er mir einen Stadtplan von Remscheid in die Hand, auf dem er mir im Süden einige Punkte einkreist. „Rolf, ich weiß nicht, ob es dir hilft, aber ich habe mich sehr gefreut, dich kennen zu lernen. Hier habe ich dir ein paar Punkte markiert. Die zeigen für mich, dass Remscheid eine liebenswerte Stadt ist und ich gerne mit meiner Frau und meinen Kindern hier lebe.“ Ich bedanke mich bei Talip für seine Gastfreundschaft und sichere zu, ihm ein Freiexemplar des fertigen Buches zu reservieren.

236. Remscheid-Süd

Remscheid-Süd ist mit 13,88 Quadratkilometern der kleinste Stadtbezirk Remscheids. Dort leben knapp 20 Prozent der Remscheider Einwohner.

237. Eschbach

Der Eschbach oder „Eschbeck", was so viel heißt wie Strudel oder wirbelreicher Bach, fließt durch das Eschbachtal. Der nur zwölf Kilometer lange Bach entspringt bei Bergisch Born, bildet dann eine natürliche Grenze zwischen Remscheid und Wermelskirchen und mündet letztlich in Solingen in die Wupper. Auf einer Strecke von nur sechs Kilometern waren bis in die Anfänge des 20. Jahrhunderts noch 13 Hämmer und Kotten angesiedelt. Mit seinem Wasserreichtum war der Bach einer der meist genutzten in Remscheid und wurde schließlich zur ersten Trinkwassertalsperre Deutschlands gestaut.

238. Eschbachtalsperre

Die Eschbachtalsperre ist die erste Deutsche Trinkwassertalsperre und wurde von Otto Adolf Ludwig Intze im Jahr 1891 erbaut. Sie fasst rund eine Million Kubikmeter Wasser und hat eine Tiefe von bis zu 17 Metern. Der Auszug aus einem am Eröffnungstag vorgetragenen Gedicht gibt die Euphorie der Bevölkerung wieder:

„So lieb und so hold wie der liebholden Braut,
tief in die klaren Augen man schaut,
wird das klare Wasser aus dem Eschbachtal
noch späteren Enkeln ein goldiger Strahl
dran sie sich mit Freuden berauschen."

Das in der Nähe ansässige Hotel warb mit der Eschbachtalsperre und dem umliegenden Gebiet als „Luftkurort", was sich später jedoch mit dem Bau der heutigen, vielbefahrenen Bundesautobahn A1 in der Nähe der Talsperre wohl erübrigte. Unterhalb der Talsperre befindet sich der „Schwanenteich" mit einem Springbrunnen, der anfänglich durch die Talsperre betrieben wurde. Gerüchten zufolge floss in einem Jahr aber so viel Wasser von der Talsperre durch den Springbrunnen, dass eine riesige Fontäne entstand und aufgrund des ungünstigen Windes die Fahrbahn der Autobahn A1 komplett vereiste. Seitdem wird der Springbrunnen nicht mehr durch die Talsperre betrieben. Bereits 1977 wurde der Rundweg um die Eschbachtalsperre zu einem Waldlehrpfad ausgebaut und ist bis heute ein beliebter Ausflugsort und eine viel genutzte Laufstrecke für Sportler.

239. Steinernes Kreuz

An der Eschbachtalsperre befindet sich im Wald an der alten Handelsstraße von Lennep nach Köln ein steinernes Kreuz. Es trägt die Inschrift „Bitte für die Seele des Herrn Josef Waizel, dessen Überfall dieses Kreuz gesetzt ist, zum Gedächtnis an den 17.10. im Jahre des Herren 1554". Die Überlieferung erzählt, dass ein Bote mit einer erheblichen Geldsumme von Köln nach Lennep entsandt worden war und zwei Räubern in die Hände fiel. Diese ermordeten ihn und stahlen das Geld. Im Augenblick der Tat flog ein Zug Wacholderdrosseln, auch Krammetsvögel genannt, vorbei, und der Überfallene rief sie als Zeugen des Mordes im Sterben an mit dem Ausruf: „Die Vögel werden mich rächen". Am Abend kehrten die Täter in einem Wirtshaus ein. Dort wurden ihnen Krammetsvögel aufgetischt, die sie mit Genuss verspeisten. Einer der beiden verkündete beim Essen stolz: „Die werden uns nicht mehr verraten!" Da sich die Tat bereits herumgesprochen hatte, weckten diese Worte Misstrauen bei den Gästen. Die Räuber wurden überführt, verhaftet und zum Tode verurteilt.

240. Mebusmühle

Die Mebusmühle am Eschbach an der Grenze zwischen Remscheid und Wermelskirchen erschien zum ersten Mal 1528 in einer Wermelskirchener Kirchenrechnung. Besitzer war ein Herr Mevus. Zunächst war die Mebusmühle eine Getreidemühle. Wechselnde Besitzer und immer neue Erbschaften sorgten für bewegte Zeiten. Teils wurde in den Gebäuden und dem umliegenden Gebiet Landwirtschaft betrieben, was erst durch den Bau der Autobahn ein Ende fand.

Das heutige Gebäude wurde um 1800 erbaut und wird schon seit über 100 Jahren als Gaststätte genutzt.

241. Freibad Eschbachtal

Im Jahr 1912 wurde das Freibad im Eschbachtal als erstes mit künstlicher Wasserzufuhr in Deutschland eingeweiht. An der

Nordseite des Beckens hatte man Sand aufgeschüttet, und die Wetterstation war vom Markt hierher versetzt worden. Beheizt wurde das Bad mit der Dampfmaschinen-Abwärme der nahen Wasserwerkpumpe. Im Jahr 1963 ist das Gelände neugestaltet und renoviert worden. Um den Erhalt des Freibades zu sichern, hat sich ein Förderverein gegründet. Er sorgt für weitere Attraktionen wie die Schiffsparade von Modellbauern und das beliebte Hundeschwimmen zum Ende der Saison im September. Dann können sich die Vierbeiner austoben, bevor das Wasser für den Winter abgelassen wird.

242. Heintjesmühle

Die Heintjesmühle im Eschbachtal lag idyllisch und bewaldet. Sie war ein großes Fachwerkhaus mit dunklen Balken und weißen Gefachen, in dem zeitweise bis zu acht Familien wohnten. Nach der Nutzung als Mühle fand eine Schankwirtschaft mit Kegelbahn Platz in dem Fachwerkhaus. Den anliegenden Mühlenteich nutzte der Wirt für Wasser- und Eissport. Er installierte eine Schießanlage, und über den Teich hinweg wurden die Zielscheiben anvisiert. Bis heute sind der Teich und einige Wohnhäuser erhalten.

243. Feilenfabrik Ehlis

Trotz Strukturwandel und Modernisierung gibt es auch in der Werkzeugstadt verborgene Orte, an denen die Zeit stehen geblieben zu sein scheint. Einer davon ist die Feilenfabrik Ehlis am Schlepenpohl.

Aus einem alten Geschlecht von Sensenschmieden entsprungen, baute Peter Ehlis 1835 die Feilenfabrik in dem malerischen Tal des Eschbachs. Die industrielle Produktion von Feilen jeder Art wuchs schnell, und so vergrößerte sich das Areal stetig. Im 19. Jahrhundert wurden die Feilen von Ehlis weltweit in großen Stückzahlen vertrieben und über 100 Menschen arbeiteten am Schlepenpohl. Einer Anekdote zufolge waren die Feilen vor allem in weiten Teilen von Südamerika und Afrika gefragt, wo man diese benutzte um auf Palmen zu klettern und Kokosnüsse zu pflücken. Durch veränderte Produktionsbedingungen verlor die Feilenfabrik nach und nach an Bedeutung, die alten Maschinen blieben aber bis zuletzt in gutgepflegtem Zustand, so dass eine Feilenproduktion jederzeit wieder hätte aufgenommen werden können.

Nach dem Tod von Horst Ehlis im Jahr 2015 diente die Feilenfabrik als Kulisse für zwei Kinofilme. Neben der Fallada-Verfilmung „Jeder stirbt für sich allein“ wurde ein Film über die Dassler-Brüder und ihr Sportartikel-Imperium unter dem Titel „Turnschuhgiganten“ gedreht. Anstatt die historische Fabrikhalle, beispielsweise als Museum, für die Nachwelt zu erhalten, wurde sie 2016 an private Investoren verkauft.

244. Schürensiepen

Der Name ist verschieden deutbar. Einerseits als Schierer Siepen, also als „schneller Siepen“, wofür das starke Gefälle spricht. Andererseits auch als „Scheuer-Siepen“, da in dem dortigen Waldtal eine Holzscheuer (eine lose Holzhütte) gestanden haben mag. Zu finden ist der Schürensiepen am Eschbach und gilt heute unter Naturfreunden in Remscheid als Pilgerort, um Köcherfliegen zu bestaunen.

245. Pohlhausen

Die Siedlung Pohlhausen wurde auch als Pohlhauser Mark bezeichnet, da es das Grenzgebiet zwischen Hückeswagen und der Grafschaft Berg darstellte. Die Ortschaft ist mehreren Bränden zum Opfer gefallen. Im Jahr 1837 brach in einer Scheune ein Feuer aus und ging schnell auf die strohgedeckten Reihenhäuser des Hofes über. Nur zwei Häuser blieben stehen. In dem Gebiet wurden Eisenschlacke und Silbererze gefunden.

246. Bliedinghauser Kotten

Bereits um 1685 soll ein Reckhammer im Langenbruch von Heinrich Ernemann zu Bliedinghausen errichtet worden sein, der jedoch seit 1692 als verfallen dargestellt wurde. Peter Hasenclever errichtete den Kotten neu. Der letzte Besitzer war August Freund Junior, der den Kotten bis 1923 als Feilenschleiferei nutzte. Der Familie Freund entstammte einer der letzten gelernten Knieschleifer, Walter Freund. Als dieser einen neuen Schleifstein von 2,5 Metern Durchmesser einhängte und ihn auf Sicherheit prüfte – indem er ihn auf Hochtouren laufen ließ – sprang der Stein plötzlich auseinander. Sandsteinbrocken flogen durch das Dach und die Wand und hätten den Schleifer tödlich treffen können, wäre nicht ein Kollege dazwischen gegangen. Das Gebiet um den ehemaligen Kotten wurde im Jahr 2000 als Bodendenkmal unter Schutz gestellt.

247. Altenhammer

Im Eschbachtal lag etwa 400 Meter abwärts vom Neuenhammer der Altenhammer, der früher mit Hütte und Gießereianlage ausgestattet war. Die Anlage gehörte um 1590 dem „Peter uff dem Hohenhagen“ und ist vermutlich um 1675 verfallen. Franz Hasenclever zu Ehringhausen errichtete 1679 einen neuen Reckhammer. Heute wird dort vom Forstamt ein idyllischer Grillplatz im Grünen unterhalten, mit einer Rast- und Feuerstelle.

248. Riepert

„Em Riepert“ nannten die Remscheider früher eine Straße am Bliedinghausen. Der Begriff „Riepert“ meint eine früher gebräuchliche Ledertasche. Einer Überlieferung nach beschrieb man die Landschaft am Bliedinghausen so, da die Straße plötzlich aufhöre und in einem Feldweg ende. Also wie eine Tasche nur einen Eingang, aber keinen Ausgang hat.

249. Krankenhaus Remscheid

Das heutige Sana Klinikum wurde an der Burger Straße von 1911 bis 1913 erbaut und verfügte damals bereits über 500 Betten. Der Gebäudekomplex wurde stetig erweitert und ausgebaut. Im Dezember 2000 erwarb die „Sana Kliniken AG“ 75 Prozent der Anteile von der Stadt Remscheid und verpflichtete sich, die Modernisierung mit einer Investition von 100 Millionen D-Mark bis zum Jahr 2006 weiter voranzutreiben. Seit der Übernahme erfolgte die Planung und Umsetzung des „Krankenhauses der Zukunft“, und das Klinikum wurde als moderner Neubau 2005 eröffnet. Heute hat das in Remscheid „Sana“ genannte Krankenhaus 17 Fachabteilungen, 684 Betten und etwa 1.000 Mitarbeiter. Jährlich werden dort unter anderem über 450.000 Einwegspritzen und über 38.000 Kartons Babywindeln verbraucht.

250. Lobach

Die Geschichte des Lobachtals zwischen Honsberg und Bliedinghausen geht zurück bis in das 14. Jahrhundert. Der Lobach ist ein 2,6 Kilometer langer Bach, an dem einst bis zu zwölf Hämmer angesiedelt waren. Später befand sich dort eine Kläranlage. Die Klärschlämme wurden nach Aufgabe der Anlage im Jahr 1962 im Bach zurückgelassen und schadeten in den Folgejahren der Natur. Ein Hochwasser im Jahr 2007, bei dem die Klärschlämme abgespült wurden, nahm der Fachdienst Umwelt der Stadt zum Anlass, um Schutzmaßnahmen einzuleiten. 2015 wurde mit der Offenlegung und Renaturierung des Lobachs begonnen. Das Land NRW steuerte Fördermittel in Höhe von 844.000 Euro bei.

251. Dicke Eiche

Durch Bauarbeiten im Lobachtal musste die „Dicke Eiche“, die dem nahe gelegenen Ort seinen Namen verleiht, weichen. Im Jahr 2015 wurde zum Abschluss der Bauarbeiten feierlich eine neue Eiche gepflanzt. An dem Ort sind ein Kindergarten, eine Haltestelle und ein Verein nach dem imposanten Baum benannt. Zur Zeit größter Wohnungsnot errichtete der damalige Stadtbaurat eine Wohnanlage für Bedürftige in der kleinen Flurstraße. Optisch hochmodern, ließ die Ausstattung allerdings zu wünschen übrig. Warm zu bekommen waren diese Bauten eigentlich kaum, was ihnen den Namen „Eisbeinhäuser“ einbrachte.

252. Brüder Mannesmann

In ihrer Fabrik am Bliedinghausen gelang den Brüdern Reinhard und Max Mannesmann in der Nacht des 21. August 1884, nach langen Versuchen, die erste Herstellung eines nahtlosen Rohres. Entscheidend war dabei das „Pilgerschrittverfahren“, bei dem mit Vor- und Rückwärtsbewegungen eine bestimmte Wärmeverteilung beim Erhitzen eines Werkstückes erzielt wird. Wohlwissend, welch bahnbrechende Erfindung sie hier für die metallverarbeitende Industrie gemacht hatten, ließen sie das Patent durch ihren Vetter Fritz anmelden, dem man keinerlei ernstzunehmende Entdeckungen zugetraut hatte. In Remscheid gewann man so die nötige Zeit, das Verfahren heimlich weiterzuentwickeln, ohne bei der Konkurrenz in den Fokus zu geraten.

Es war mit Sicherheit eine bahnbrechende Erfindung der Brüder, blieb bei weitem aber nicht die einzige. Im Laufe der Jahrzehnte kamen unter anderem Patente für Schallverstärker in Fernsprechern, hängende Gasglühlichter, ein Schraubenflieger ähnlich einem heutigen Hubschrauber und ein Weinthermometer hinzu. Im Ersten Weltkrieg bauten Reinhard und Max Mannesmann stoßunempfindliche Anhänger, mit denen Verletzte vom Schlachtfeld gezogen wurden. Auch im Rennsport fuhren sie erfolgreich mit eigenen Autos. Der Slogan „Schaffst du dir einen Wagen an, so wähle einen von Mannesmann“ ist heute noch einigen Remscheidern bekannt.

253. Handweiser

Auf dem Johann-Vaillant-Platz stand bis 1943 in dem Rondell hinter der Bushaltestelle am Zentralpunkt die renommierte Gaststätte „Zum Zentralpunkt", die dem Platz seinen Namen gab. Im Volksmund heißt er jedoch noch heute „Handweiser". Zurückgeführt wird das auf die Zeiten, als ein Holzschild, in Form einer Hand mit ausgestrecktem Zeigefinger, als Wegweiser von der Bismarckstraße hinauf zum Platz zeigte.

254. Vaillant

Der Kupferschmied Johann Vaillant gründete im Jahr 1874 in Remscheid seinen Meisterbetrieb im Installationshandwerk. Den ersten Durchbruch erzielte er mit der Anmeldung seines Patentes für den Gas-Badeofen mit geschlossenem System. Er konnte den Betrieb vergrößern und zog zur Berghauser Straße. An Ostern 1899 blätterte der Familienvater in der christlichen Zeitschrift „Alte und Neue Welt" und stieß auf eine Zeichnung, die ihm auf Anhieb gefiel. Ein fröhlicher Osterhase schlüpfte, auf dem Bild des Malers Hermann Vogel, aus einem Ei. Er erwarb die Rechte und nutzte den Hasen fortan als sein Markenzeichen. Im Laufe der Jahrzehnte wurde das Aussehen des Hasen geringfügig verändert, schmückt aber bis heute die Produkte des Werks. Vaillant gehört heute zu den 500 bekanntesten Marken Europas und hat weltweit rund 12.000 Mitarbeiter. Das Familienunternehmen ist das zweitgrößte Unternehmen in der europäischen Heiz-, Lüftungs- und Klimatechnikbranche und weltweit anerkannter Technologieführer. Jedes Jahr zu Ostern bekommen die

Mitarbeiter eine Blechdose mit wechselnden historischen Motiven, gefüllt mit Oster-Süßigkeiten. Das geliebte Hasenmotiv des Firmengründers ist seit 2014 auch auf der Lenneper Straße zu sehen. Dort wurden Buchsbäume in der Form des Firmenlogos gepflanzt.

255. Westdeutsches Tourneetheater

Nach dem Zweiten Weltkrieg stand in Remscheid kein Theatergebäude mehr. So wurde Wilhelm Michael Mund aus Cuxhaven von der Stadt beauftragt, ein Ensemble aufzustellen und Remscheid wieder mit Theaterkultur zu bereichern. Zunächst spielte er mit seinem Ensemble in den Ruinen des ehemaligen Stadttheaters, in Turnhallen, auf Marktplätzen, in Schulen und auf Schloss Burg. Weil die Stadtverwaltung sein Ensemble im Jahr 1954 nicht in das neugebaute Teo Otto Theater übernehmen wollte, entschied sich Mund für die Gründung eines privaten Theaters. Durch viele Auslandsgastspiele bekam es den Namen „Westdeutsches Tourneetheater Remscheid" und zog 1963 in die ehemalige Seilerwarenfabrik in der Bismarckstraße. Tourneen wurden lange Zeit zur Haupteinnahmequelle des Theaters, sodass in Remscheid fast nur noch geprobt, aber nicht mehr gespielt wurde.

Durch hohe Schulden stand das Theater bereits zweimal kurz vor einer Schließung. Die Öffentlichkeit zeigte jedoch großes Engagement, und durch Einsparungen sowie die Gründung des Vereins der „Freunde und Förderer der Theaterkunst" konnte es erhalten werden.

256. Konsumterrassen

Ab dem Jahr 1867 gründeten sich in Remscheid die ersten Konsumvereine. Nicht allein Lebensmittelabgabestellen sollten entstehen, sondern der Lebensstandard der Mitglieder sollte verbessert werden. Unverfälschte Ware mit realem Gewicht wurde preiswert an die Mitglieder der Arbeiterschaft verkauft, aber auch Versicherungen der Volksfürsorge wurden am Ladentresen abgeschlossen. Zu ihrer Hochzeit bestand die Konsumgenossenschaft aus über 12.000 Mitgliedern. In der entbehrungsreichen Zeit des Ersten Weltkrieges wurden, mit Unterstützung der SPD, große Mengen an preiswerten Kartoffeln und Fleisch aus Holland importiert und zum Teil auch im Rathaus gelagert. Zentrallager und Kontor der Konsumgenossenschaft „Einigkeit" befanden sich an der Rosenhügeler Straße. In den 1960er Jahren lösten sich die Genossenschaften auf. Nach dem Abriss der alten Gebäude wurde das Gelände im Rahmen des Projektes „Soziale Stadt" umgebaut. Auf den sogenannten „Konsumterrassen" findet man heute einen großen Spielplatz, als Treffpunkt des multikulturellen Stadtteils. Jährlich im Januar findet das Lichterfest unter großer Beteiligung von Bevölkerung und Vereinen statt.

257. Remscheid tolerant

Unter dem Motto „Remscheid Tolerant – 120 Nationen in unserer Stadt" steht das Aktionsbündnis für Toleranz und den Schutz der Demokratie, Religionsfreiheit und Menschenwürde in Remscheid ein. Im Jahr 2012 formierte sich eine Gruppe aus verschiedenen sozialen und karitativen Einrichtungen, um der rechtsextremen Partei „Pro NRW“ selbstbewusst entgegen zu treten. Mehr als 150 Vereine, Organisationen, Unternehmen, Kirchen und über 200 Bürger haben sich dem Aktionsbündnis angeschlossen und zeigen Flagge gegen Ausländerfeindlichkeit.

258. Naherholung im Kuckuck

Entlang der alten Bahntrasse im Süden Remscheids kommt man zu dem 5,2 Hektar großen als „Kuckuck“ bezeichneten Park am Berghauser Bach mit Spielplatz, Grillplatz und Rodelhang. Ursprünglich befand sich hier die Deponie, von den Remscheidern auch „Kipp“ genannt. In den 1950er Jahren fand hier ein Motocross-Rennen statt, das allerdings einmalig blieb.

Heute gibt es jedes Jahr im Juni das große „Fest im Kuckuck“. Eine Bürgergruppe sorgt unter dem Namen „Ein Herz für den Kuckuck“ regelmäßig für Reinigungsaktionen und lädt zu einem Lichterfest sowie gemeinschaftlichen Picknicks ein.

259. Mückenbach

Der Mückenbach trennte die Honschaften Hohenhagen und Remscheid und somit die zwei Ämter und Gerichtsbezirke von Beyenburg und Bornefeld. Der Name stammt vermutlich daher, dass am sumpfigen Oberlauf des Baches im Sommer zahlreiche Mücken schwärmten. Ein Nebenfluss des „Müggenbachs“ ist der Teufelsbach, an dessen Unterlauf in den 1920er Jahren das Freibad „Teufelsteich“ angelegt wurde. Dieses wurde noch bis in die 1960er Jahre als Vereinsschwimmbad genutzt.

260. Nüdelshalbach

Die Hofschaft „Nuls Halbach“ findet um 1471 ihre erste urkundliche Erwähnung. Bekannt war die Hofschaft auch als „Arnoldshalbach“, nach dem Bewohner „Arnold“. Zahlreiche Hammerwerke und die „Bertrams Mühle“ – auch „et Möllschen“ genannt – siedelten sich dort am nahegelegenen Mückenbach an. Die Nüdelshalbach war bis zum Zweiten Weltkrieg stark belebt mit zwei Gaststätten, einer Bäckerei und einem Lebensmittelgeschäft sowie den bäuerlichen Anwesen, Hammerschmieden und einem Werkzeugbetrieb.

261. Hägener Mühle

An der Haddenbacher Straße zwischen Oelmühle und Nüdelshalbach befand sich die Hägener Mühle. Dort stehen mitten im Grünen Wohnhäuser mit Schieferfassade, die die Idylle noch heute erlebbar machen. Viele der Häuser sind über 200 Jahre alt, erst in den letzten Jahren kamen ein paar Neubauten hinzu. Der Ort trägt seinen Namen durch eine ehemalige Kornmühle, die dort ab dem 16. Jahrhundert stand und das Wasser vom Hägener Bach nutzte.

Mensch, also was der Talip mir da eingekreist hat, ist echt eine spannende Tour durch die Anfänge der Remscheider Industrie. Damit das Buch später aber nicht nur aus Hämmern und Kotten besteht, brauche ich jetzt mal etwas Abwechslung. Ich muss endlich hoch hinaus. Hoch auf den Hohenhagen, zum Brodtberg. Auf 378 Meter.

262. Fichtenhöhe

Bei Nadelbäumen scheinen sich viele Remscheider nicht so gut auszukennen. Dem Vernehmen nach wird jede Art einfach „Fichte“ genannt. Vielleicht hat man sich deshalb dazu entschieden, die Straßen rund um die Fichtenhöhe nach weiteren Bäumen zu benennen. Neben der Fichtenstraße gibt es eine Erlenstraße, Kastanienstraße, Eschenstraße, Birkenstraße, Lärchenstraße, Buchenstraße, Ulmenstraße und Eichenstraße.

263. Der Remscheider Gernegroß

Man sagt, am Hohenhagen wohnte ein ganz kleiner Mann, der wegen seiner Größe stets verspottet wurde. Dieser Spott machte ihn so traurig und depressiv, dass er nur nachts aus dem Haus ging, um dem Gelächter der Menschen aus dem Weg zu gehen.

Auf einer seiner Nachtwanderungen erschien ihm hinter einem Busch eine mysteriöse Gestalt, die ihm einen Wunsch gewährte. Der kleine Mann wusste gleich, was er sich wünschte. Er wollte endlich groß sein. Die mysteriöse Gestalt erfüllte ihm seinen Wunsch, jedoch wurde er gleich riesengroß. Und wieder wurde er ausgelacht. Nun, weil er so riesig war. Viele fürchteten sich vor dem Riesen, und der Mann war wieder genauso allein und traurig wie zuvor.

Eines Nachts ging er wieder zum Hohenhagen, und auf derselben Lichtung erschien ihm erneut die Gestalt. Schmunzelnd sagte sie: „So früh hätte ich dich nicht zurückerwartet“. Die Gestalt verwandelte ihn wieder in seine Ursprungsgröße, und fortan lebte der kleine Remscheider Gernegroß glücklich und zufrieden.

264. Alter Flugplatz

Auf dem höchstgelegenen Stadtteil Remscheids entstand 1924 der Flugplatz Remscheid. Nach dem aufgehobenen Flugverbot des Zweiten Weltkriegs gründete sich der Luftsportclub Remscheid. An den Wochenenden starteten am Hohenhagen die Segelflieger, zur Freude vieler Zuschauer. Es gab neben aller Begeisterung aber auch schwere Unfälle. Gleich am Einweihungstag legte eine „Tiger-Motte“ eine Bruchlandung hin, und der tragische Tod eines auf einer Bank rastenden Rentners, der von einer über die Startbahn hinausschießenden Cessna getroffen wurde, war zu beklagen. Im Jahr 1972 wurde der Flugbetrieb eingestellt. Nur eine Krähe geriet noch 2006 in die Schlagzeilen, weil sie auf dem Hohenhagen im Amokflug mehrere parkende Autos stark beschädigte.

265. Fliegendes Remscheid

Ein Flugzeug der Lufthansa-Flotte wurde im Jahr 1994 auf den Namen „Remscheid“ getauft. Der Airbus war fast zwanzig Jahre für die Deutsche Lufthansa AG im Einsatz, bis zur Verschrottung 2014.

266. Skipiste

Im Jahr 1980 wurde auf dem Hohenhagen ein 115 Meter langer Skilift eröffnet. Die Neigung betrug 17 Prozent. Sieben Jahre später wurde Remscheid sogar offiziell als Ski-Gebiet anerkannt.

Es handelte sich um einen Schlepplift mit niedriger Seilführung und Schleppbügeln, sodass die Fahrer aufsitzen konnten. Betrieben wurde er durch den „Skiclub Remscheid Weiß-Blau“ und gehörte der Stadt Remscheid. Der Antriebsmotor des Lifts, ein alter VW-Motor, hatte allerdings keine lange Lebenszeit. Aufgrund von zu hohen Kosten musste der Betrieb 2015 eingestellt werden.

267. Top 5 Facebook-Gruppen

„sonst noch wer 5 laute knalle gehört in mixsiepn? Und fähig eine erklrung abzgeben?“ Viele Remscheider nutzen die sozialen Netzwerke wie Facebook, um sich auszutauschen und kennenzulernen. Gerade für „Hergelu'opene“ bieten die dort gegründeten Gruppen eine gute Möglichkeit um auf einfache Weise zu erfahren, was in der Stadt los ist. Die Remscheider wünschen sich dort einen „Guten Tag“, teilen selbstfotografierte Bilder (bevorzugt von einem Regenbogen, Sonnenuntergang oder dem ersten Schnee des Jahres) und tauschen sich eben wie oben wörtlich zitiert auf stilvolle Weise über Geräusche und Gerüchte rund um Remscheid aus. In folgenden Gruppen sollten Sie als Remscheider Mitglied sein:

Remscheider unter Remscheidern (6.500 Mitglieder)
Remscheider Verkaufsstube (6.000 Mitglieder)
Was ist los in Remscheid (4.500 Mitglieder)
Du weißt du bist Remscheider, wenn… (4.200 Mitglieder)
Flohmarkt Remscheid (4.000 Mitglieder)

268. Wagenhalle Neuenkamp

Nachdem Autobusse die alte Remscheider Straßenbahn endgültig abgelöst hatten, entstand 1972 eine große Wagenhalle für die Busse der Remscheider Stadtwerke GmbH am Neuenkamp. Bilder der historischen Oldtimer-Busse kann man auf der Internetseite der Stadtwerke bewundern.

Die moderne Fahrzeugflotte umfasst heute rund 90 Busse und bedient ein 228 Kilometer langes Straßennetz. Seit 2001 lädt die EWR in dieser ungewöhnlichen Location zu kostenlosen Konzerten für ihre Kunden ein. Die Wagenhalle wurde zum bestuhlten Konzertsaal herausgeputzt und die Bergischen Symphoniker traten, mit wechselndem Programm, vor rund 3.000 Zuhörern auf. Selbst der Busservice zur An- und Abfahrt war an diesem Abend kostenfrei. Spenden wurden für gemeinnützige Projekte in Remscheid gesammelt.

269. Wüöstenhagen

Nahezu in der Mitte Remscheids neben dem Hohenhagen liegt der Wüstenhagen. Die Ortsbezeichnung „Wüöstenhagen" stammt vermutlich von einem sehr „wüsten Hagen", also einem wilden Wald. Im Jahr 1547 gab es dort einen Bauernhof, und 1893 wurde der Stadtteil zu Remscheid eingemeindet. Heute befindet sich dort das Gewerbegebiet Ueberfeld, auch das Berufsbildungszentrum „BZI" und die Berufsfeuerwehr Remscheid sind dort angesiedelt. Durch den Orkan Kyrill wurden in Wüstenhagen große Teile des Waldes zerstört.

270. Berufsbildungszentrum der Industrie

Bereits im Jahr 1936 begann die Remscheider Metallindustrie, die Ausbildung ihrer Mitarbeiter systematisch zu fördern und zu verbessern. Zusammen mit der Stadt Remscheid gründete man eine Gemeinschaftslehrwerkstatt, die sich zunächst an der Schützenstraße befand. Nach dem Bombenangriff 1943 bauten die Auszubildenden ihre Werkstatt selbst wieder auf. Bis 1950 bestand das Gemeinschaftsprojekt, ab dann wurde die betriebliche Ausbildung in den Unternehmen vorgenommen.

Um die Betriebe bei der Ausbildung der Facharbeiter zu unterstützen, gründeten der Arbeitgeberverband Remscheid und die Bergische Industrie- und Handelskammer eine Gemeinschaftslehrwerkstatt der Remscheider Eisen- und Metallindustrie. Die Werkstatt an der Ronsdorfer Straße öffnete 1953 und bot Platz für 89 Lehrlinge. Aufgrund des steigenden Bedarfs reichten die Räumlichkeiten bald nicht mehr aus, so wurde 1968 ein eigenes Gebäude an der Wüstenhagener Straße errichtet und gewährleistet dort bis heute eine fachliche Ausbildung auf hohem Niveau. Seit 1997 trägt die Werkstatt den Namen Berufsbildungszentrum der Remscheider Metall- und Elektroindustrie, da neben der Berufsausbildung auch Fort- und Weiterbildungen angeboten werden.

271. Schlittschuhlaufen

Das Schlittschuhlaufen ist seit jeher ein beliebter Freizeitsport im Winter. Bevor es große Eishallen gab, wurden meist zugefrorene Teiche als „Iisbahn“ genutzt und dort „Schlittschuoh geluopen“.

Dies war auch der Beginn der Freizeit- und Sportartikelfirma HUDORA (Hugo Dornseif Radevormwald). Das mittlerweile weltweit erfolgreiche Unternehmen gründete sich 1919 in Radevormwald und war zunächst eine Schlittschuhfabrik. Der große Durchbruch gelang mit dem „Schlittschuh an einem Stück". Im Jahr 1956 folgte eine weitere bahnbrechende Innovation: Rollschuhe mit Gummirollen. Im Jahr 1999 zog das Unternehmen mit seinem Hauptsitz nach Remscheid.

Personen

So langsam läuft mir die Zeit davon. Nur noch eine Woche bleibt mir, um die fehlenden Informationen zusammenzutragen, und der Blick auf meine Küchenwand macht mir mittlerweile mehr Angst als Hoffnung.

Es ist schon spät, aber zu Hause fällt mir die Decke auf den Kopf. Ich brauche etwas frische Luft, um mich inspirieren zu lassen. Während ich mit einem Döner in der Hand die Alleestraße hochlaufe, gehe ich nochmal alles durch. Die Innenstadt ist mir bekannt, in Lennep habe ich viele spannende Geschichten gefunden, auch Lüttringhausen und den Süden Remscheids habe ich kennengelernt. Was soll da noch kommen? Muss man noch mehr über Remscheid wissen?

Mein Weg führt mich zum Rathausplatz, wo ich geschafft vom Anstieg auf den Stadtkegel eine kleine Pause einlege. Obwohl diese türkischdeutsche Spezialität wirklich lecker ist, kann diese Brottasche ja wohl kein Mensch essen, ohne sich dabei komplett einzusauen. Sauce auf meinem Hemd, Zwiebeln auf der Hose, und meine Hände kleben besser als Sekundenkleber. Ich brauche eine Toilette! In einem Seiteneingang vom Rathaus brennt noch Licht, und ich beschließe dort nach einer steuerfinanzierten Möglichkeit zu suchen, mich zu waschen.

Die langen, kühlen Rathausgänge wirken wie ausgestorben. Kein Mensch und kein Toilettenschild weit und breit, um mir die Richtung zu weisen. Meine langjährige Gastronomieerfahrung lehrt mich, dass sich Toiletten meist im Untergeschoss befinden, und so nehme ich eine unscheinbare Treppe nach unten. Ich stehe mitten in der Dunkelheit und versuche mit meinem Smartphone für etwas Licht zu sorgen. In dem langen Flur hängen rechts und links verschiedene Porträts, ich vermute eine Art Ahnengalerie früherer Stadtväter Remscheids. Alle wirken auf mich etwas pummelig und verstaubt.

Noch bevor ich reagieren kann, öffnet sich direkt vor mir eine große Holztür, und ein alter Mann mit langem grauem Bart schaut mir direkt in mein angsterfrorenes Gesicht. „Das Rathaus ist geschlossen!" Wenn mir meine langjährige journalistische Erfahrung eins gelehrt hat, dann, dass jetzt eine kleine Notlüge angebracht ist. „Guten Tag, ich heiße Rolf Steinberger. Ich schreibe im Auftrag der Stadt Remscheid ein Buch über die Stadtgeschichte, und der Herr Oberbürgermeister hat mir versichert, dass ich zu jeder Tages- und Nachtzeit das Rathaus zu Recherchezwecken betreten darf." Der ältere Herr kommt einen Schritt näher und macht nun ein wesentlich fröhlicheres Gesicht. „Ich bin Walter. Ich bin hier seit 38 Jahren der Nachtwächter. Entschuldige, ich dachte, du bist wieder einer von denen, die hier nur auf Toilette wollen! Komm mal mit, ich zeig dir was."

Walter nimmt mich mit durch einen weiteren finsteren Gang, öffnet eine große Tür und führt mich ein paar Treppenstufen weiter runter in den Keller des Rathauses. Walter schaltet das Licht an, und ich finde mich in einer historischen Bibliothek voll von Büchern und Gemälden wieder. Es ist beeindruckend! Wir setzen uns auf antike Holzstühle und Walter übergibt mir ein schweres, eingestaubtes Buch. Ich begreife nicht direkt, doch Walter hilft mir auf die Sprünge: „Das ist das Buch der Stadt Remscheid. Hier hat man die bedeutenden Menschen der Stadt mit ihren Geschichten verzeichnet."

Obwohl etwas verschämt ob meiner klebenden Hände, freue ich mich über diese glückliche Fügung und sitze mit dem Nachtwächter an diesem Abend noch stundenlang zusammen im Rathaus. Dabei lerne ich viel über die bewegenden Geschichten vieler Remscheider, die ich unbedingt mit aufnehmen muss. Nur eins schaffe ich nicht: Das Rätsel zu lösen, wo sich im Rathaus die Herrentoilette befindet.

272. Johann Peter Arns

Ein Remscheider Traditionsunternehmern ist die Firma Joh. Peter Arns, die von 1747 bis 2009 in fünf Generationen an dem Standort, wo schon zu Beginn die erste Schmiede stand, geführt wurde. Seit der Gründung wurden dort hauptsächlich Werkzeuge zur Holzbearbeitung wie Beitel und Hobeleisen hergestellt. Im Jahr 2009 fusionierte die Firma mit der Wilhelm Schmitt & Comp. GmbH & Co. KG. Ein Bohrer mit Handgriff und den Buchstaben „IPA“ ist als das bekannteste Markenzeichen von Arns eingetragen und geht vermutlich auf die Initialen des Firmeninhabers Johann Peter Arns zurück. Im Remscheider Stadtpark ist ein Weg nach ihm benannt.

273. Adolf II. von Berg

Adolf II. war von 1115 bis 1160 Graf von Berg. Er war Gründer von Schloss Burg und Vogt von der Abtei Siegburg und den Gebieten Werden, Dünnwald, Deutz und Cappenberg. Die Kontrolle der hansischen Handelswege zwischen Köln und Dortmund war von großer wirtschaftlicher und politischer Bedeutung für den Grafen, wie auch der Silberreichtum des Bergischen Landes.

Im Jahr 1160 teilte er seine Grafschaft unter seinen Söhnen Everhard und Engelbert. Für einen Grafen unüblich wurde er Mönch in Altenberg. Seine anderen Söhne hatten ebenfalls kirchliche Ämter inne, zwei waren sogar Kölner Erzbischöfe. Auf die Familie Berg geht auch der Name des Bergischen Landes zurück.

274. Adolf VI. von Berg

In der Zeit von 1308 bis 1348 regierte Graf Adolf VI. von Berg, auch „der Ehrwürdige" genannt, das Bergische Land. Durch die Heirat mit Agnes von Kleve fiel ihm, als Neffe seiner Vorgänger Adolf V. von Berg und Wilhelm I. von Berg, Duisburg und der zugehörige Rheinzoll zu. Seine Regentschaft war geprägt von Überschwemmungen, Missernten und Pestepidemien. Auch der Krieg beeinträchtigte das Leben der Bevölkerung. Unter anderem wurde Adolf VI. dadurch bekannt, dass er vielen Orten Stadtrechte verlieh. Er begleitete König Ludwig IV. auf seinem Streifzug nach Rom und erhielt als Belohnung das außerordentliche Privileg, Silbergeld zu prägen. Kinderlos verstarb Adolf VI. 1348, und so ging die Herrschaft an seine älteste Schwester Margarete über. Hierdurch erlosch der „Mannesstamm" der bergisch-limburgischen Grafen.

275. Robert Böker

Robert Böker war der älteste von sechs Brüdern der Remscheider Industriellenfamilie Böker. In jungen Jahren bereiste er Amerika und Mexiko, kehrte aber 1873 in seine Heimat zurück. Hier wurde er Leiter der Gasanstalt. Gemeinsam mit Otto Intze plante er später mit der „Eschbachtalsperre“ die erste Trinkwassertalsperre Deutschlands und überzeugte mit seinem Innovationsgeist alle Zweifler. Neben der Talsperre setzte er sich für den Bau der Straßenbahn in Remscheid ein, die sich aufgrund der steilen Straßen als technische Herausforderung herausstellte. Mit der Bergischen Stahlindustrie (BSI) baute er die ersten Triebwagen nach dem Vorbild der Straßenbahnen in San Francisco. Sein Bruder Moritz sagte über Robert Bökers Ideen: „Wo Remscheid auf Staatshilfe angewiesen war, ist es stets im Hintertreffen geblieben. In dem, was es durch Selbsthilfe erreichen konnte, ist Remscheid anderen voraus!“

Da hat Moritz Böker den Nagel auf den Kopf getroffen!

276. Adolf Clarenbach

Adolf Clarenbach wurde kurz vor Ende des 15. Jahrhunderts auf dem „Buscher Hof“ in Remscheid geboren. Bekannt wurde er als „Bergischer Reformator“, da er als Lehrer stets versuchte, neue Grundsätze durchzusetzen. Wegen seines Bekenntnisses zur Lehre Luthers wurde ihm vom Fürsten von Kleve sein Amt entzogen und er wurde aus seinen verschiedenen Wohnorten in Osnabrück, Lüttringhausen, Büderich und Elberfeld vertrieben. Seine Unbeugsamkeit im Glauben führte für ihn im Alter von erst 29 Jahren letztlich zur Verurteilung als Ketzer und zur Ermordung durch Feuer auf dem Melatenfriedhof in Köln.

Der Buscher Hof wurde nach seinem Tod geheimer Treffpunkt für Anhänger des evangelischen Glaubens, bis sich dieser frei entfalten konnte. 300 Jahre nach seinem Tod wurde Clarenbach in Lüttringhausen ein Denkmal mit der Inschrift „dem Zeugen der

Wahrheit“ errichtet – nur 800 Meter von seinem Geburtshaus gelegen. An dem Haus selbst ist heute eine Gedenktafel zu finden. Eine Straße, ein Alten- und Pflegeheim sowie eine Grundschule wurden nach ihm benannt. Der Gedenktag ist im evangelischen Namenskalender sein Todestag, der 28. September.

277. Johann Gottlieb Diederichs

Der allererste Bürgermeister Remscheids trug 1808 den französischen Titel „Maire“, was sich auf die französische Besatzung zurückführen lässt. Dieser erste Maire hieß Johann Gottlieb Diederichs. Er war Teilhaber des Handelshauses J.P. Diederichs & Söhne und zuständig für 6.000 Remscheider. Die Zeit der französischen Besatzung hatte die Remscheider Wirtschaft stark eingeschränkt. Maire Diederichs als Sprecher der gesamten Wirtschaft von Remscheid, Lennep und Lüttringhausen versuchte dem Gewerbe und Handel aufzuhelfen, scheiterte jedoch an der französischen Wirtschaftspolitik. Auch sein eigenes Unternehmen konnte sich von der Unterdrückung nicht mehr erholen. Erst der dritte Bürgermeister Remscheids bekam auch den gleichnamigen Titel verliehen, da die französische Besatzung vorüber war, und gilt somit in vielen Überlieferungen als erster Bürgermeister.

278. Otto Dowidat

Der Remscheider Otto Dowidat war Politiker und erfolgreicher Unternehmer sowie Mitbegründer der Werkzeugfirma GEDORE (Gebrüder Dowidat Remscheid). Sein Sohn Karl baute GEDORE zu einem Weltkonzern aus, der bis heute im Familienbesitz geführt und in Lüttringhausen ansässig ist. Die Familie Dowidat steht auf der Liste der 300 reichsten Deutschen.

279. Wilhelm Engels

Der Remscheider Wilhelm Engels war Heimatforscher und Schulrektor. Er verfasste zahlreiche Publikationen über das Bergische Land und erzielte einige wichtige Erkenntnisse. Unter anderem untersuchte er die Geschichte der Remscheider Stadtkirche und befasste sich mit der hiesigen Kirchengemeinde. Auch die bergische Werkzeug- und Eisenindustrie stand im Mittelpunkt seiner Forschungen. Im Zentrum Remscheids wurde eine Straße nach ihm benannt.

280. August Erbschloe

Der Sohn von Carl Wilhelm Erbschloe und Clara Erbschloe, einer bekannten Fabrikantenfamilie aus Lüttringhausen, übernahm den Familienbetrieb am Lenhartzhammer. Die Fabrik produzierte Steinsägen und wurde später zum „Bergischen Stahlzentrum". In der Nähe des Unternehmens befindet sich immer noch das feudale Patrizierhaus der Familie Halbach. August Erbschloe engagierte sich auch politisch in der damals eigenständigen Stadt Lüttringhausen und wurde 1880 in die Lüttringhauser Stadtverordnetenversammlung gewählt. Später wurde er zum ersten Beigeordneten. Zudem hatte er den Vorsitz der Lüttringhauser Landwehr- und Kriegerkameradschaft inne, war eine Zeit lang Kirchmeister und ehrenamtlicher Mitarbeiter der Bergischen Industrie- und Handelskammer. Zu seinem 74. Geburtstag verlieh ihm die Stadt Lüttringhausen Ehrenbürgerrechte und ehrte ihn, indem die frühere Elberfelder Straße in Lüttringhausen nach ihm umbenannt wurde.

281. Walter Frey

Der Betriebsingenieur, Betriebsleiter und Mitinhaber der Remscheider Stanz- und Emaillierwerke wurde 1948 zum Oberbürgermeister der Stadt Remscheid gewählt und war zugleich von 1954 bis 1958 Mitglied des Landtags Nordrhein-Westfalens.

Walter Frey erhielt den Wissenschaftspreis „Röntgen-Plakette". Die „Walter-Frey-Stiftung", die sich um die Betreuung von Kindern und Jugendlichen kümmert, wurde nach ihm benannt.

282. Johann Peter Frohn

Johann Peter Frohn arbeitete als Sensenvogt in Remscheid und legte im Jahr 1776 seinen Meistereid ab. Dieses Jahr wird offiziell auch als Gründungsjahr der Firma Frohn angegeben, obwohl diese vermutlich viel älter ist. Das bekannteste Markenzeichen, das bis heute genutzt wird, hat Johann Peter Frohns Großvater entwickelt. Es besteht aus einer Zange und einem Hammer, deren Griffe sich kreuzen.

Nach dem Zweiten Weltkrieg expandierte die heutige Robert Frohn KG unter neuer Geschäftsführung weltweit und konzentriert sich seit 1996 auf die Geschäftsbereiche Bohrer, Schneidewerkzeug, Maschinenzubehör und Dienstleistungen. Am Siepen findet man heute die Johann-Peter-Frohn-Straße.

283. Richard Gertenbach

Richard Gertenbach erbrachte in seiner Tätigkeit als Bürgermeister der damals selbstständigen Stadt Lüttringhausen große Leistungen. Er war 35 Jahre im Dienst der Stadt tätig und wurde 1911 vom Rat zum Bürgermeister auf Lebenszeit ernannt.

Auf seine Bestrebungen hin stellte die Stadt Remscheid unter anderem Grundstücke für die Herbringhauser Talsperre, die Heil- und Pflegeanstalt Tannenhof und das damalige Königliche Gefängnis zur Verfügung. Für seine Verdienste wurde Richard Gertenbach zum vierten Ehrenbürger der Stadt Lüttringhausen ernannt. Die nach ihm benannte Gertenbachstraße führt vom Lüttringhauser Rathaus bis in die Altstadt. Diese Straße wird in Lüttringhausen für viele Veranstaltungen und Feste, wie dem Herbst- und Bauernmarkt, dem Kunsthandwerkermarkt und dem ideellen Weihnachtsmarkt, genutzt.

284. Leon Goraguer

Leon Goraguer war Bürgermeister der französischen Stadt Quimper und unterzeichnete 1971 die Urkunde zur Städtepartnerstadt. Durch den Zweiten Weltkrieg war das Verhältnis zwischen Frankreich und Deutschland erheblich belastet, und Leon Goraguer wuchs unter diesem Einfluss auf. Seine Generation war es, die die Versöhnung zwischen den Völkern anstrebte. Der Remscheider Oberbürgermeister Willi Hartkopf fand in Leon Goraguer einen Weggefährten, mit dem er die Völkerverständigung anstrebte und schließlich die Städtepartnerstadt realisierte. Im Jahr seines 100. Geburtstags erhielt Goraguer in Remscheid posthum eine besondere Ehre. Ein Platz und ein Weg im Stadtpark wurden nach ihm benannt.

285. Richard von Hardt

Der erste Ehrenbürger Lenneps, Richard von Hardt, erbrachte große Leistungen für seine Vaterstadt. Als Sohn von Engelbert Hardt, Tuchfabrikant und Inhaber der Firma Johann Wülfing & Sohn, brachte er das Tuchgeschäft mit seinem Unternehmergeist und Wagemut zu hoher Blüte und machte Lenneper Tuche weltweit bekannt. Bereits in jungen Jahren errichtete er in New York eine Niederlassung der Lenneper Tuchwaren. Durch stetige Expansionsbestrebungen entstand bald ein weltumspannendes Unternehmen.

Neben seinem Unternehmergeist zeichnete sich Richard von Hardt auch durch seine zahlreichen Ehrenämter und Stiftungsaktivitäten aus, für die er viele Auszeichnungen erhielt. Für seine Verdienste verlieh ihm Kaiser Wilhelm II. den äußerst seltenen Wilhelm-Orden.

Nie vergaß er sein Lennep und spendete immer wieder hohe Summen für Einrichtungen in seiner Heimat. In einem Dankesschreiben für die Ernennung zum Ehrenbürger sprach er von seiner innigen Liebe zu seiner Heimatstadt.

286. Arnold Wilhelm Hardt

Viele Lenneper kennen den „Hardt-Park“ an der Wallstraße mit Spielplatz und Grünflachen, der nach der Familie Hardt benannt wurde. Arnold Wilhelm Hardt Junior lebte sein gesamtes Leben in Lennep und war Unternehmer und Handelskammerpräsident in Lennep. Mit 28 Jahren trat er in das väterliche Unternehmen Johann Wülfing & Söhne ein. Er widmete sich vorrangig dem Bau und Ausbau der Kammgarnspinnerei in Lennep, die zu der Zeit mit rund 2.000 Mitarbeitern zu den größten deutschen Unternehmen der Textilbranche gehörte. Zudem engagierte er sich ehrenamtlich in diversen karitativen Vereinen und war Ehrenmitglied des Arbeitervereins. In seiner Zeit als Präsident der Bergischen Handelskammer wurden zum ersten Mal die „Handels-Nachrichten“ herausgegeben. Der Bau der Bahnstrecke von Elberfeld nach Cronenberg während seiner Amtszeit wird als das bedeutendste Ereignis gewertet, für das sich die Kammer einsetzte. Arnold Wilhelm Hardt starb im Alter von nur 54 Jahren.

287. Wilhelm Hartkopf

Wilhelm Hartkopf wurde als Oberbürgermeister der Stadt Remscheid nach seiner ersten Wahl im Jahr 1968 viermal im Amt bestätigt. Durch seine Tätigkeit als Gewerkschafter kam er von Mühlheim an der Ruhr über Solingen im Jahr 1959 nach Remscheid und war zunächst als Ratsmitglied der SPD tätig. Mit 21 Amtsjahren war er 1989 der am längsten amtierende Oberbürgermeister Nordrhein-Westfalens. Während seiner Amtszeit wurden die freundschaftlichen Beziehungen und Städtepartnerschaften mit Quimper, Wansbeck und Presov hergestellt. Sechs Jahre nach seinem Tod wurde er zum Ehrenbürger Remscheids ernannt.

288. Walther Hartmann

Walther Hartmann war 23 Jahre, zunächst als Bürgermeister und dann als Oberbürgermeister der Stadt Remscheid, bis 1937 im Amt. Er befürwortete die im Jahr 1928 vorgeschlagene Gemeindeneuordnung – ganz im Gegensatz zu den Vertretern der Nachbargemeinden Lüttringhausen und Lennep. Hartmann gab in einer Denkschrift der Stadt Remscheid 1929 die Entscheidung des Rates zur Eingemeindung bekannt. Wesentliche Gründe waren die industriellen Erweiterungsmöglichkeiten Remscheids und Kosteneinsparungen durch die Zusammenlegung der Verwaltung. Walther Hartmann ist Ehrenbürger der Stadt Remscheid. Die heutige Walther-Hartmann-Gemeinschaftsgrundschule, für deren Bau sich der ehemalige Bürgermeister einsetzte, wurde nach ihm benannt, wie auch eine Straße im Stadtbezirk Remscheid-Süd.

289. Johann Peter Hasenclever

Der Remscheider Johann Peter Hasenclever wandte sich vom Kleineisengewerbe seiner in Remscheid bekannten Familie ab und wurde zu einem der bedeutendsten deutschen Maler des 19. Jahrhunderts. Er gilt als Mitbegründer der Genremalerei, die Szenen aus dem Alltag einfacher Leute darstellt. Als anerkannter Maler lebte er in Düsseldorf und engagierte sich dort politisch in der Bewegung des Vormärz und richtete auch seine Kunst sozial engagiert aus. Sein wichtigstes Werk war wohl das Gemälde „Arbeiter und Stadtrath“.

290. Otto Hoffmeister

Otto Hoffmeister setzte sich während seiner Amtszeit als Oberbürgermeister in Remscheid stark für die Arbeiterschaft ein. Er drängte die Regierung zu einer Vereinfachung der Bedingungen für Niederlassungen und Zuzug und wirkte durch den Bau von einfachen Wohnhäusern der Wohnungsnot entgegen. In der Stadtgeschichte wurde ihm als zweitem Bürger überhaupt die Ehrenbürgerschaft der Stadt Remscheid verliehen. Nach ihm wurden die Hoffmeisterstraße in Vieringhausen sowie die Hoffmeister-Stiftung benannt.

291. Otto Intze

Otto Adolf Ludwig Intze, geboren 1843 in Laage, ist in Remscheid sehr bekannt. Er setzte die Pläne von Robert Böker für den Bau der Eschbachtalsperre um, mit denen der erhöhte Trinkwasserbedarf im 19. Jahrhundert abgedeckt werden sollte. Intze war ein bedeutender deutscher Bauingenieur und Hochschullehrer. Mit 27 Jahren wurde er zum Professor ernannt. Als freischaffender Ingenieur errichtete er europaweit viele Wasserbauwerke. Zwei Konstruktions-Prinzipien wurden nach Otto Intze benannt, seine Bauart eines Wasserturms und die einer Talsperre. In Remscheid sind die Intzestraße und der Intzeplatz mit dem entsprechenden Denkmal in Remscheid-Süd nach ihm benannt.

292. Karl Jarres

Der Nationalliberale Karl Jarres war von 1910 bis 1914 Bürgermeister Remscheids. Er wurde auch „Held der Nation“ genannt, wegen seines Eintretens für die Politik des Widerstands gegen die alliierten Besatzungsmächte. Zuvor wurde er 1923 ausgewiesen und durch ein belgisches Kriegsgericht zu zwei Monaten Gefängnis verurteilt, da er sich weigerte, Folge zu leisten.

293. Richard Königs

Richard Königs wurde zum Ehrenbürger von Wermelskirchen, Lennep, Remscheid und Lüttringhausen ernannt. Besonders für seine Verdienste um die ortsansässige Wirtschaft und Industrie. Zudem war er 17 Jahre lang Landrat des Kreises Lennep und hat sich entscheidend für den Bau von Talsperren eingesetzt. Bis 1888 durften Talsperren nicht gebaut werden, da man davon ausging, diese würden dem enormen Wasserdruck nicht standhalten. Mit vielen Vorträgen und Gesprächen erreichte er schließlich ein Umdenken, was nicht nur im Bergischen Land zum Bau von zahlreichen Talsperren geführt hat. Im Jahr 2014 wurde eine nur 169 Meter lange Verbindungsstraße in Lüttringhausen nach ihm benannt.

294. Gert Ludwig Lemmer

Der gebürtige Remscheider und ehemalige Oberbürgermeister erhielt für seine Verdienste das Große Verdienstkreuz der Bundesrepublik Deutschland und 2008 das Ehrenbürgerrecht Remscheids. Im Jahr 2016 starb Gerd Lemmer im Alter von 90 Jahren. Als Stadtverordneter und Oberbürgermeister prägte er seine Heimatstadt mit großem Engagement und gründete nach dem Zweiten Weltkrieg die Christlich Demokratische Union in Remscheid. Seinem Wirken ist die Wiederaufbauplanung Remscheids nach dem Krieg, der Neubau des Teo Otto Theaters sowie die historische Rekonstruktion des Rathauses zu verdanken.

295. Lenni

Im Jahr 1980 stand in Lennep das 750. Stadtjubiläum an. Mit zahlreichen Konzerten, Führungen und Galas wurde der runde Geburtstag gefeiert. Lenni, ein Mädchen mit Sommersprossen sowie roten Haaren und Schuhen, wurde zum Maskottchen Lenneps ernannt und als Aufkleber für Autos, auf T-Shirts und als „Hampelfrau" zum Ausschneiden vermarktet.

296. Richard Lindenberg

Im Deutschen Werkzeugmuseum in Remscheid kann man den ersten industriell genutzten Elektrostahlofen der Welt begutachten. Dieser wurde 1906 in den Edelstahlwerken Lindenberg vom Remscheider Unternehmer Richard Lindenberg erbaut. Erstmalig setzte er das sogenannte Héroult-Lindenberg System um, welches bis heute Grundlage fast aller modernen Elektrostahlöfen ist. Lindenberg übernahm zusammen mit seinem Bruder das elterliche Unternehmen (Julius Lindenberg sen.) am Hasten.
Auf dem Hammesberg befand sich Lindenbergs Glockenstahl-

werk, benannt nach der Glocke im Firmenzeichen. 1906 konnte er erstmals Elektrostahl in industriellem Maßstab herstellen. Die Nachfrage stieg, und das Unternehmen wuchs, woraufhin es zur Stahlwerk Richard Lindenberg AG umgewandelt wurde. Während des Ersten Weltkrieges nahm das Unternehmen eine eigene Schmalspurbahn zum Bahnhof Remscheid in Betrieb. Richard Lindenberg starb 1925 bei einem Flugzeugabsturz in der Schweiz. Sein Unternehmen wurde 1927 mit der Deutschen Edelstahlwerke AG fusioniert und 1929 aus wirtschaftlichen Gründen aufgelöst. Am Hasten erinnert der Richard-Lindenberg-Platz an den Unternehmer. Dort steht seit 2012 auch sein Denkmal.

297. Reinhard Mannesmann

Der Name Mannesmann ist in Remscheid sehr bekannt durch die Maschinenfabrik, die Grundschule und den Tennisclub. Reinhard Mannesmann wurde 1856 in Remscheid geboren und war als Erfinder und Unternehmer tätig. Mit fünf Brüdern wuchs er als Sohn des gleichnamigen Werkzeugfabrikanten in Remscheid auf. Mit seinem Bruder Max trat er in das Familienunternehmen ein, welches damals die modernsten Eisenfeilen herstellte. Angespornt durch die bahnbrechende Entwicklung der nahtlosen Röhren, die schnell eine hohe Nachfrage erzielten, beteiligten sich die Brüder an der Gründung mehrerer Röhrenwerke in Europa. Alle sechs Brüder entwickelten zusammen das Hängeglühlicht. Reinhard Mannesmann gründete mit seinen Brüdern Carl und Otto Felix die Mannesmann Lichtwerke AG in Remscheid mit rund 4.000 Mitarbeitern. Während des Ersten Weltkriegs wurden dort Waffen und Munition produziert sowie beschädigte Lkw repariert. Nach seiner Heirat mit Marie Luise Eigen im Jahr

1906 reiste er gemeinsam mit ihr nach Marokko. Dort betrieb das Ehepaar von 1907 bis 1914 Handel, Landwirtschaft und Bergbauaktivitäten und erzielte dadurch großen Reichtum.

298. Stephanie Ortwig

Die Remscheiderin Stephanie Ortwig ist eine ehemalige deutsche Schwimmerin, die für Deutschland bis 1990 bei zahlreichen Wettkämpfen antrat. Als Tochter des ehemaligen Pächters des Schwimmbad-Restaurants in Lennep entdeckte sie bereits mit drei Jahren ihre Leidenschaft für das kühle Nass. Im Jahr 1988 trat sie bei den Olympischen Spielen in Seoul an und belegte dreimal Platz sieben. Die Stiftung Deutsche Sporthilfe wählte sie nach diesen Erfolgen zum „Junior-Sportler des Jahres 1988“.

299. Hugo Paul

Der deutsche Politiker und gelernte Werkzeugmacher arbeitete in Remscheid, leitete die kommunistische Jugend und vertrat die Kommunistische Partei 1932 im Reichstag. Wegen „Vorbereitung zum Hochverrat“ wurde er 1933 für zwei Jahre ins Zuchthaus Lüttringhausen gesperrt und musste bis 1939 zur „Schutzhaft“ in die Konzentrationslager Esterwegen und Sachsenhausen. Nach dem Krieg in den Jahren 1946 bis 1948 war er als Wiederaufbauminister in Nordrhein-Westfalen tätig und bekleidete viele weitere Ämter, unter anderem als Landtagsabgeordneter und Mitglied des Deutschen Bundestags. 1953 wurde Hugo Paul wegen Hochverrats und Staatsgefährdung kurzzeitig verhaftet, anschließend zog er in die ehemalige DDR.

300. Richard Pick

Der gebürtige Lüttringhauser war 35 Jahre lang Stadtverordneter der Stadt und setzte sich stark für die Bandwirkerei ein. Im Jahr 1929 wurde ihm die Ehrenbürgerschaft der Stadt Lüttringhausen verliehen. In der Altstadt von Lüttringhausen ist eine Straße nach ihm benannt.

301. Wilhelm Conrad Röntgen

Am 27. März 1845 wurde der berühmteste Sohn Lenneps, Wilhelm Conrad Röntgen, am Gänsemarkt geboren. Mit seinen Eltern verließ er seine Geburtsstadt schon im Alter von drei Jahren und zog in das niederländische Appeldoorn. Nach seinem Maschinenbaustudium arbeitete er als Physiker in Würzburg und machte dort im Jahr 1895 die bahnbrechende Entdeckung der X-Strahlen, die später nach ihm benannt wurden. In Stockholm wurde ihm dafür der erste Nobelpreis in Physik überreicht. Im Jahr 1911 stattete er seinem Geburtsort Lennep bei seiner Ernennung zum Ehrenbürger der Stadt noch einmal einen Besuch ab.

Neben dem Geburtshaus und dem modernen Röntgen-Museum erinnert heute die Statue „Genius des Lichts“ von Arno Breker an ihn. Im Volksmund wird das Denkmal auch „Die Frau mit dem Eishörnchen“ genannt.

302. Albert Schmidt

Der Lenneper Albert Schmidt ist vielen bekannt durch die Errichtung der Lenneper Panzertalsperre in den Jahren 1891 bis 1893. Er wird auch „Bezwinger der Wupper" genannt. Der Baumeister errichtete viele öffentliche Bauten, Kirchen, Fabrikanlagen und beteiligte sich am Bau weiterer Talsperren und Stromgewinnungsanlagen. Er arbeitete in seiner Heimatstadt mit großem Erfolg auf den Gebieten der Abwasserhygiene und des Schlachthofwesens. „Halb Lennep" sei von seiner Firma erbaut worden, wie seine Familie zu sagen pflegte. Der spätere „Königliche Baurat" entstammte aus einfachen Verhältnissen. Er studierte nicht auf höheren Schulen und war gesellschaftlich zunächst wenig akzeptiert. Albert Schmidt ließ sich jedoch nicht beirren und erweiterte sein Wissen über Astronomie, Meteorologie, Genetik und Historie unaufhörlich. Er vertrat die Grundauffassung, dass Anerkennung selbst erarbeitet und bewiesen werden müsse, und distanzierte sich vom zeitgenössischen Erziehungswesen und dem Katholizismus seiner Familie. In Lennep ist die Albert-Schmidt-Allee nach ihm benannt. In seinen Beruf wurde Albert Schmidt geradezu hineingezwungen: Der berufsunfähig gewordene Vater übertrug ihm seine Arbeit, und bereits im Alter von 22 Jahren legte Albert seine Prüfung zum Maurer- und Zimmermeister ab.

303. August Scholz

Der Zahnarzt August Scholz wurde im Oktober 1946 in der ersten freien Wahl nach dem Zweiten Weltkrieg zum ehrenamtlichen

Oberbürgermeister der Stadt Remscheid gewählt. In trauriger Erinnerung blieb Scholz, weil er sich vom Dach des Remscheider Rathauses stürzte und so Suizid beging.

304. Daniel Schürmann

Der Pädagoge und Autor von Lehrbüchern, Daniel Schürmann, wurde 1752 im damaligen Stadtgebiet von Lüttringhausen (heute Wuppertal-Ronsdorf) geboren. Mit erst 18 Jahren wurde er Lehrer und Direktor der Schule am Hohenhagen. Seinerzeit waren die Schulen eher „dunkle Katakomben". Schürmann prangerte die Situation der Schulen und Lehrer an und gründete eine deutschlandweite Schullehrer-Gesellschaft. Auf dem evangelischen Stadtfriedhof in der Kirchhofstraße steht sein denkmalgeschütztes Grabmal mit der Inschrift „Er war ein Licht unter den Lehrern". Seine Rechenbücher erschienen in mehreren Auflagen. Deutschlandweit verbreitete sich die Redewendung „Nach Adam Riese und Schürmanns Rechenbuch". Die Besonderheit an seinen Werken war, dass er Schüler statt zum Auswendiglernen zu selbstständigem Denken anregte. Heute sind in Remscheid eine Schule und eine Straße nach Daniel Schürmann benannt.

305. Robert Schumacher

Der gebürtige Remscheider war Sozialdemokrat und Politiker. Ursprünglich stammte er aus dem Installateur- und Heizungsbauhandwerk und leitete in Remscheid von 1959 bis 1982 einen Betrieb. Seit 1963 setzte er sich mehrere Jahrzehnte lang politisch für Remscheid ein. Er war Mitglied der SPD und von 1964 bis zu seinem Tode im Jahr 1995 Ratsmitglied in Remscheid sowie von 1980 bis 1995 Mitglied des Landtags Nordrhein-Westfalen für den Wahlkreis Remscheid. Seit 2008 ist eine Straße in Lennep nach ihm benannt.

306. Julius Spriesterbach

Der Lehrer, Hobby-Geologe und Paläontologe führte den Begriff der „Remscheider Schichten" ein. Er konnte mit seiner geologischen Arbeit anhand der besonderen Flora und Fauna nachweisen, dass in Remscheid europaweit einmalige Erdschichten auftreten. Zudem entdeckte und beschrieb er 140 Fossilien. In seiner Lehrlaufbahn war er unter anderem als Rektor der Daniel-Schürmann-Schule tätig. Seine Entdeckungen fasste er in seiner Schrift „Die Oberkoblenzschichten des Bergischen Landes und Sauerlandes" zusammen, seine Sammlung und Dokumentation war wegen seiner Exaktheit herausragend. In Remscheid wurden eine Straße und eine katholische Grundschule nach ihm benannt. Er erhielt von der Universität Köln einen Ehrendoktortitel.

307. Ludwig Steil

Der Theologe und Seelsorger Ludwig Steil war 1927 Hilfsprediger in Lüttringhausen. Er gehörte als eine der bedeutendsten Persönlichkeiten der „Bekennenden Kirche" an, einer Oppositionsbewegung, die sich gegen die Gleichschaltung der Kirche zur Zeit des Nationalsozialismus einsetzte. Im Jahr 1944 hielt er einen Vortrag zum Thema „Schweigt Gott im Krieg" und wurde im Anschluss von der Gestapo verhaftet. Nach Gefängnisaufenthalten in Dortmund und Herne wurde er keine zwei Monate nach seiner Verhaftung in das Konzentrationslager Dachau deportiert. Infolge einer Lungenentzündung starb er dort am 17. Januar 1945. In Lüttringhausen ist der Platz an der Evangelischen Stadtkirche nach ihm benannt.

308. Carl-Wilhelm Stockder

Der Remscheider Carl-Wilhelm Stockder wurde 1787 als siebtes von zehn Kindern geboren. Der Sohn eines Kupferschmieds und Landwirts wuchs in Vieringhausen auf. Bereits in jungen Jahren verließ er Remscheid und brachte es in Paris als Kaufmann zu einem beachtlichen Vermögen. Auch wenn er seine Heimat verließ, blieb die Verbundenheit zu dieser bestehen. In seinem Testament verfügte er, einen Teil seines Nachlasses zum Bau eines Armenhauses in Remscheid zu verwenden. Seine Vorstellungen darüber hielt er detailliert fest und bestand darauf, diese genauestens umzusetzen. Das Heim in Vieringhausen wurde zum Zufluchtsort für kranke und unglückliche Menschen, die dort Essen, Kleidung und Unterkunft erhielten. Obwohl das Armenhaus später zu einem Altenheim wurde, behielt man den Wunsch Stockders bis in die 1980er Jahre bei und verteilte Essen an Bedürftige. 2014 wurde das Gebäude abgerissen, das dort neu errichtete, moderne Altenheim trägt weiterhin den Namen „Stockder Stiftung".

309. Ernst Erwin Stursberg

Der Remscheider Ernst Erwin Stursberg war Ingenieur und Heimatforscher. Er verfasste zahlreiche Publikationen über die Remscheider und die bergische Geschichte. Heute befindet sich sein Nachlass im Remscheider Stadtarchiv. Der Erwin-Stursberg-Weg in Lüttringhausen ist nach ihm benannt.

310. ChrisTine Urspruch

Die nur 132 Zentimeter große Remscheider Schauspielerin, in selbstgewählter Schreibweise ChrisTine Urspruch geschrieben, wurde unter anderem durch ihre Rolle als das „Sams" in den Sams-Filmen berühmt. Seit 2002 spielt sie regelmäßig die Rechtsmedizinerin Silke Haller im Münsteraner Tatort um Thiel und Boerne, der von bis zu 13 Millionen Menschen gesehen wird. Ihren Tatort-Spitznamen „Alberich" verdankt sie der Mythologie: Hier wird der König des gleichnamigen Elfen- bzw. Zwergengeschlechts so bezeichnet. In ihrer Jugend besuchte sie das Röntgen-Gymnasium in Lennep und machte erste Schauspielerfahrungen in der Theatergruppe „Brot und Spiele" der Remscheider Musik- und Kunstschule.

311. Adolf Westen

Adolf Westen kam in Remscheid, speziell im Schulbezirk Goldenberg in Lüttringhausen, zu großem Ruhm. Er stiftete 65.000 Reichsmark für eine Turnhalle, die 1911 eingeweiht wurde. Der Goldenberger Turnverein bezeichnet die großzügige Spende in seiner Chronik als „Wunder", da es ohne sie wohl noch Jahre gedauert hätte, bis die Gemeinde das nötige Geld zusammen bekommen hätte. Adolf Westen wuchs selbst am Goldenberg auf. In jungen Jahren wanderte er jedoch nach Österreich aus, wo er als

Fabrikant zu Wohlstand kam. Die Turnhalle erhielt nachträglich den Namen „Westen Stiftung“ und wurde unter Denkmalschutz gestellt. 1929 wurde Adolf Westen zum Ehrenbürger Lüttringhausens ernannt, und es wurde eine Straße nach ihm benannt.

312. Caspar Wittkopp

Caspar Wittkopp ist nach Überlieferungen bis heute der einzige Mundart-Liederdichter, den Remscheid hervorgebracht hat. Der Sägenschmied aus dem Morsbachtal dichtete Lieder über das Handwerk, die Landschaft und die Menschen. In seinem Lied „Ech ahnn mien Hatt`em Schimmelbosch verloren“ geht es um ein junges Mädchen, dass sein Herz an einen Jungen im Schimmelbusch verlor. Bergische Heimatvereine stimmen noch heute regelmäßig Lieder von Caspar Wittkopp an und singen:

„Wo he nohm mech en denn Arm – Herr Gott! – wat woud et mir do warm!
Ech hann mien Hatt‘ em Schemmelbosch verloren
an ‚nen Jong, derr van Göllenweät, derr heet op Knién Tröüe mir geschworen!
He hätt enn Kaar, enn Stall on (uoch enn) Peäd.“

Ja, denke ich mir: Un ech hann mien Hatt’ an de Lena verloren. So oder so ähnlich werde ich sie als Remscheder We’it wohl überzeugen können, auch wenn ich kein Pferd habe.

313. Georg Wurth

Der in Remscheid geborene Lobbyist und Aktivist Georg Wurth wurde bekannt durch seinen TV-Auftritt in einer Castingshow. Mit seinen Plänen zur Cannabislegalisierung belegte er bei der „Millionärswahl“ 2014 den ersten Platz und gewann eine Million Euro. Schon lange Zeit zuvor engagierte sich Wurth für die Legalisierung von Cannabis. So zeigte er sich bei einer politischen Aktion selbst wegen Besitz von Cannabis an und wurde am gleichen Tag zum Vorsitzenden der grünen Ratsfraktion in Remscheid gewählt. Er war Mitglied vieler Aktionsbündnisse zur Drogenpolitik und ist Geschäftsführer und Inhaber des Deutschen Hanfverbandes.

Rätselhaftes Remscheid

Der Tag der Abrechnung ist gekommen. Ich habe versagt. So wie eigentlich immer in meinem Leben. Ich bahne mir einen Weg durch die tobende Menge, die mit Löwenmasken maskiert Schmachgesänge auf mich anstimmt. „Rolf ist ein Versager, Rolf ist ein Versager!", hallt es durch den ganzen Raum. Man fesselt mich in der Mitte an einen steinernen Löwen und alles wird dunkel. Plötzlich trifft mich das Licht eines grellen Scheinwerfers. Unter den schrillen Gitarrenklängen von AC/DCs Thunderstruck betritt ein Henker mit einer großen Axt die Bühne und schreitet „Thunder!" brüllend direkt auf mich zu.

Ich wache schweißgebadet auf. Diese Träume verfolgen mich nun schon seit ein paar Tagen und sie lassen mich nicht mehr los. Es sind nur noch sieben Tage. Das bedeutet, mir bleiben noch 168 Stunden. 10.080 Minuten. 604.800 Sekunden, und ich habe immer noch keine 378 Dinge gefunden. Ich beschließe vorerst auf Schlaf zu verzichten. Einerseits um besser voran zu kommen, andererseits um von den Träumen verschont zu bleiben.

Als ich von meiner morgendlichen Runde durch Remscheid komme, ist mein Briefkasten wieder überfüllt mit Werbung. Ich beneide Menschen, die Prospekte von Discountern unter das Volk bringen. Das scheinen sichere Arbeitsplätze zu sein. Noch bevor ich den Wust aus Werbung ins Dachgeschoss getragen habe, fällt mir auf der letzten Stufe ein kleiner Flyer runter.

Wer weiß es? Ein bergischer Abend zum Rätseln und Klönen. Anschließend kann das Tanzbein geschwungen werden. Anmeldungen erbeten, Spenden sind willkommen!!

Ich überlege kurz, ob der Titel nicht passenderweise „Wer weiß es noch? Wer kann sich erinnern?" lauten sollte. Diese Verkalkungsveranstaltungen für Menschen im goldenen Alter sind nicht mein Ding. Da erzählen sich Horst und Gisela stundenlang, dass hier früher alles besser war und werden dann von engagierten Tänzern zu einem flotten Foxtrott aufgefordert. Aber bevor ich einschlafe, fahre ich lieber zu dem Rentnerquiz. Nicht, dass ich mir davon neue Erkenntnisse erhoffe. Aber zumindest kann ich bei den Rätselfragen meine bisherigen Recherchearbeiten prüfen.

Als ich den großen Saal am Kremenholl betrete, bin ich überrascht. Es scheint ganz Remscheid versammelt zu sein. Unter den Quizzern ist nicht nur Nachtwächter Walter samt Frau, nein, auch die nette Stadtführerin aus Lennep erkenne ich in einer charmanten Damenrunde wieder. Ich nehme am Tresen Platz, und ehe ich mich versehe, erklingt die Titelmelodie von „Wer wird Millionär". Das Quiz beginnt …

Testen Sie sich einmal selbst: Können Sie die folgenden Fragen beantworten?

Echt bergisch!

314. Was ist ein Driethüsken?

Ein Remscheider Kaufmann soll einst bei einem Festessen im russischen Petersburg gewesen sein, zu welchem Händler aus verschiedensten Ländern kamen und auf unterschiedlichen Sprachen wild durcheinander sprachen. Der Remscheider Kaufmann wollte wissen, ob noch ein anderer aus dem Bergischen Land unter ihnen sei und rief: „Kennt hie ömmes van önk en Driethüsken?“ (Kennt hier einer von euch ein Driethüsken?). Am Ende der Tafel erhob sich ein kräftiger Mann und rief: „O Donnerkiel! Driethüsken? Geweß dat! Dann blöß du secher van Remsched!“ Unter „Driethüsken“ verstand man ein Toilettenhäuschen, das sich früher mehrere Familien teilten.

315. Und was ist dann ein Potthüsken?

In den Gebieten um die Remscheider Bäche siedelten sich im Laufe der Zeit immer mehr Menschen an, um dort ihre Schmieden und Wohnhäuser zu errichten. Hierzu mussten Teile der Laubwälder abgeholzt werden, um Holz für die Öfen zu gewinnen. Ohne die Vegetation, die das Wasser zurückhielt, floss dieses immer schneller ab. Um in den höheren Gebieten auch Wasser in regenarmen Sommern zu haben, richteten sich die Menschen

Hausbrunnen ein, so genannte Potthüsken. Im Potthüsken wurde das frische Wasser gelagert, im Driethüsken verrichtete man sein Geschäft.

Also für mich macht die Bezeichnung andersherum mehr Sinn. Aber nun gut, die Remscheider scheinen ohnehin ein eigenartiges Völkchen zu sein.

316. Was ist der Iskesstäg?

Der Name Iskesstäg stammt von der früheren Bezeichnung des Eschbachs als Iskes- oder Eisgesbach. Diese Bezeichnung leitet sich wiederum von dem alten Namen „Eifsche Bach“ ab und hat nichts mit Eis zu tun, wie es fälschlicherweise oft gedeutet wird. Der Steg führt über den Eschbach und ist Teil eines alten Handelsweges von Wermelskirchen vorbei am Steinernen Kreuz bis nach Lennep.

317. Was stellen Remscheder am Chreßdag auf?

In der Weihnachtszeit feiern die Remscheider die „chreßhellegen Dage“ mit „Chreßbuom“, also die christheiligen Tage mit einem Christbaum. Nach dem „Chreßowend“, dem Heiligen Abend, bestand das traditionelle Festessen am ersten Feiertag aus einer fetten Fleischsuppe und Schweinebraten mit Kartoffeln, roter Bete, eingemachten Gurken, Zwiebeln, Birnen und Pflaumen. Am zweiten Tag wurde traditionell Grünkohl und Bratwurst mit Bratkartoffeln aufgetischt. Am Nachmittag gab es zum Kaffee Burger Brezeln, süße Waffeln und Mutzen.

318. Welches Holzspielzeug ließen Remscheider Kinder hüpfen?

Das regenreiche Remscheider Wetter hielt die Kinder nicht vom Spielen im Freien ab. Sie machten das Beste daraus und versuchten den Pfützenhüpfer, einen kleinen Propeller, zwischen den Pfützen fliegen zu lassen und ihn in der Luft wieder zu fangen. Das Holzspielzeug gibt es heute noch in Remscheid zu kaufen.

319. Woher kommt die Aussage Schmetz' Backes?

Bis zum Ende des 18. Jahrhunderts waren Marktplätze Ort der öffentlichen Gerichtsbarkeit. Auf dem Platz mussten verurteilte Straftäter so einige Pein über sich ergehen lassen. In Köln beispielsweise wurde der Pranger meist für Ehebrecher genutzt. Ihre Backen wurden gebrandmarkt, sie wurden mit faulem Obst beworfen und vom Henker aus der Stadt gejagt. In jener Zeit befand sich an der Kölner Stadtgrenze das Backhaus des Bäcker Schmitz. Wenn Verurteilte es an dem Backhaus vorbeischafften, waren sie sicher vor dem Henker. So entstand die Redewendung „He es noch nit langs Schmetz' Backes", die sich über das gesamte Rheinland verbreitete und vom Sinn her „Es ist noch nicht aller Tage Abend" meinte.

320. Was ist ein Brasseldier?

Ein Brasseldier ist ein unermüdlicher Arbeiter. Wer viel brasselt, arbeitet besonders tüchtig und angestrengt.

321. Welche Kiste stellt Hergelu'opene vor ein kniffliges Rätsel?

Das Bergische Land ist bekannt für seine Erfinder und Tüftler, die weltweit erfolgreiche Innovationen hervorgebracht haben. Das Tüfteln wird im Bergischen auch als „knöstern" bezeichnet, was dem Wort nach eine verzwickte und verwickelte Klein- und Geduldsarbeit bezeichnet. Die Knösterkiste ist eine kleine Holztruhe, die es mit Geduld und Geschick zu öffnen gilt, ohne sie zu beschädigen. Die Kiste ist heute ein beliebtes Mitbringsel, ein Gastgeschenk, und sie wird häufig genutzt, um Geld auf kreative Weise zu verschenken.

322. Wie nannte man die Bewohner des Hofes Menninghausen?

Die Bewohner des ehemaligen Hofes Menninghausen galten als ein „Menschenschlag für sich". Sie wurden auch als Mennekeser Ölköppe (Menninghauser Ölköpfe) bezeichnet, da sie Ölköppe, also Ton- und Meerschaumpfeifen, rauchten.

323. Woher kommt der Ausruf „Ackermann, wat seesde dann nu?"

In einer Remscheider Wirtschaft vergnügte sich ein Herr Ackermann mit einem gewieften Gegner beim Kartenspiel. Als dieser gewann, rief er aus: „Ackermann, wat seesde dann nu?". Der Papagei des Wirts griff den Spruch auf und plapperte ihn ständig nach. Genervt von den Wiederholungen seines Vogels sperrte ihn der Wirt in den Hühnerstall. Als er die Hühner am nächsten Morgen füttern wollte, begrüßte ihn der Papagei unberührt mit einem „Ackermann, wat seesde dann nu?“

324. Wer ist der Bergische Kräher?

Eine besonders große und stattliche Hühnerart ist der Bergische Kräher oder auch „Kräher über den Berg“. Dieser gehört zu den ältesten deutschen Hühnerrassen und zeichnet sich durch sein besonders langes Krähen aus. Die Hühnerzüchter veranstalten jährliche Wettkrähen, bei denen der Bergische Kräher bislang regelmäßig vordere Plätze belegte. Auch der „Bergesche Schlockerkaump“, der „Bergesche Krüper“ und der „Bergesche Twerg“ gehören zu regionalen Hühnerzüchtungen.

325. Was versteht man unter Ki’egeln?

Das heute bekannte Kegeln wurde früher als Ki’egeln mit sieben Pfund schweren Klötzen gespielt, mit denen versucht wurde, neun Pinne umzuwerfen. Ähnlich wie das Ketten, das mit Kugeln gespielt wird. Auf fast jedem Hof gab es eine überdachte Kett- oder Ki’egelbahn. Da meist um Geld gespielt wurde, konnte der Kangtemi’ester mit einem guten Gewinn nach Hause gehen. Der Ki’egelsjong war dafür zuständig, die umgeworfenen Pinne wieder aufzustellen.

326. Welche sieben Bedeutungen hat das Wort Kuckuck für Remscheider?

Neben dem Park in Remscheid-Süd hat „Kuckuck“ im Remscheider Platt viele weitere Bedeutungen: den Vogel samt Kuckucksruf, eine staatliche Pfändungsmarke, die auf gepfändete Gegenstände geklebt wird, ein Deckstein auf Rauchfängen, ein Doppelblasebalg im Hammerwerk und sogar eine Stechfliege nannte man Kuckuck.

327. Wie heißt die bergische Variante von Topfschlagen?

Das Spiel „Tipp Tipp“ ähnelt dem Spiel „Topfschlagen“. Einem Spieler werden die Augen verbunden und dieser muss eine Nuss finden, diese antippen und „Tipp, Tipp!“ ausrufen.

328. Womit kam Remscheid 1982 in das Guinness Buch der Rekorde?

Im Jahr 1982 kam Remscheid in das Guinness Buch der Rekorde mit dem längsten Strumpf der Welt. Zugunsten der Aktion Sorgenkind wurde ein Strumpf von 33,48 Metern Länge mit 3.700.763.064 Maschen gestrickt. Zur Präsentation wurde die überdimensionale Socke an einem Kran in den Remscheider Himmel hochgezogen.

329. Welcher Kleingärtnerverein ist nach einer ehemaligen Mühle benannt?

Die Dorpmüöhl – also Dorfmühle - zwischen der Nordstraße und Haddenbacher Straße wurde im 30-Jährigen Krieg nieder gebrannt, wodurch der Dorfmüller Johann Loos verarmte. Heute ist dort ein Kleingärtnerverein angesiedelt.

330. Was versteht man unter Kradendahler Wasser?

Der ganze Wupperverlauf von Müngsten bis zur Unterburg wurde „Kradendahler Wasser" genannt – vom plattdeutschen „Krat", was Kröte oder Frosch bedeutet. Die Bezeichnung ist wohl auf die zahlreichen Frösche und Kröten zurückzuführen, die sich in dem Tal rund um die Wupper tummelten und der Legende nach auch für die Entstehung des Bergischen Landes verantwortlich sind.

331. Was ist der Schault?

Schault oder Schalt wird der Berg am linken Wupperufer, von dem sich die Müngstener Brücke zum gegenüberliegenden Schaberg erstreckt, genannt. Der Name stammt wohl vom Schalt, einem Paddel eines Schiffes in seichtem Wasser. Der Begriff ging zunächst auf die Müngstener Fähre über, später dann auch auf die Wiese, den Hang und schließlich auf den gesamten Berg.

332. Was ist das Solinger Milliönchen?

Anekdoten zufolge gelten Remscheider seit jeher als wohlhabend, zeichnen sich jedoch durch ihre Bescheidenheit aus. Man sagt, sie verhielten sich gar so, als seien sie verarmt. Die Solinger hingegen neigen demnach zur Übertreibung. Schon mit ein paar Groschen in der Tasche spielen sie sich auf. Diese Unterstellung führte dazu, dass lange Zeit der 50-Mark-Schein „Solinger Milliönchen" genannt wurde

333. Was ist Dubbedubbedubb?

„Dubbedubbedubb" ist ein Kinderspiel mit Verstecken und Fangen, ähnlich wie das bekannte Spiel Räuber und Gendarm. Ein Spieler steht mit geschlossenen Augen zur Wand, ein anderer Mitspieler klopft diesem dreimal auf den Rücken und fragt: „Dubbedubbedubb! Wä es do?" und erhält die Antwort: „Dä döüwel met dä owesplate" („Klopf, klopf, klopf! Wer ist da? – Der Teufel mit der Ofenplatte").

334. Welche Künstler sorgten 2014 mit ihren Fotomontagen für einen riesigen Aufruhr?

Im August 2014 sorgte ein Bild der eingestürzten Neuenkamper Brücke für einen riesigen Aufruhr. Das Bild verbreitete sich rasend schnell über die sozialen Netzwerke und fand sogar seinen Weg in die Lokalzeitungen. Bald stellte sich jedoch heraus, dass es sich um eine Fotomontage handelte. Das Künstlerprojekt

„Berg von Ideen" von Bartosz Kistela und Lukas Sembera war für diesen kleinen Skandal verantwortlich. Viele weitere Bilder kursierten später im Internet. Sie zeigten zum Beispiel, wie der steinerne Löwe auf dem Rathausplatz seinen Sockel verlässt, am Remscheider Bahnhof eine Achterbahn fährt oder ein Elefant zwischen bergischen Fachwerkhäusern spaziert. Die Remscheider waren schnell begeistert von den Bildern, im Jahr 2015 wurde ein Kalender mit den Fotos herausgebracht.

335. Was ist der bergische Dreiklang?

Im Remscheider Stadtgebiet sieht man sie vereinzelt immer wieder, die bergischen Fachwerkhäuser mit ihren schwarzen Fachwerkbalken, weißen Gefachen sowie grünen Türen und Schlagläden. Diese typische Farbkombination bezeichnet man in der Architektur als den „bergischen Dreiklang". Erkannte man im Fachwerk ein „Y", so sprach der Remscheider vom „starken Mann". Wer es sich leisten konnte, bekleidete die weißen Flächen ab dem 18. Jahrhundert mit schwarzem Schiefer, um die Hauswände wetterbeständiger zu machen. Dadurch wiederum ist dieser farbliche Dreiklang heute nur noch vereinzelt zu sehen.

336. Was ist ein Kerkruoster?

Kirchroster wurden an den Eingängen zu den Friedhöfen im Kirchhof angebracht, um Haustiere fernzuhalten. Einmal verabredeten junge Burschen einen Wettlauf. Wer zuerst an der Kirche anlange, solle den Kirchroster abreißen. Die polizeiliche Strafe für den „Gewinner" betrug 15 Mark.

337. Wie nannten die Remscheider früher einen Spaten mit besonders langem Stiel?

Die Graffschöppe ist ein Spaten mit besonders langem Stiel und rundem Kopf am Ende, der heute noch zum Umgraben des Gartens genutzt wird. Ursprünglich wurde die Graffschöppe, wie der Name verrät, zum Ausheben von Gräbern verwendet.

338. Wozu diente das Gewitterlüdden?

Vor langer Zeit glaubten die Menschen mit dem Läuten der Kirchglocken, dem Gewitterläuten, ein Gewitter vertreiben zu können. Einige Glocken tragen heute noch die Inschrift „fulgura frango", was übersetzt so viel bedeutet wie „Die Blitze breche ich".

339. Wie viel ist ein Kastemännschen?

Zweieinhalb Groschen, also 25 Pfennig, wurden früher in Remscheid Kastemännschen genannt. Seit ein besonders geiziger Remscheider beim Richtfest seines Hauses nicht allzu viel Geld für Schnaps ausgeben wollte, ist dies im Volksmund auch ein Begriff für einen Geizkragen. Der Mann besorgte in einem Kaufladen einen viertel Liter Korn, der damals ein Kastemännschen kostete. Wer heute als Sparfuchs betitelt wird, war früher der Kastemann.

340. Was ist ein Wippken?

Wer einen Wippker macht, ist ein richtiger Wippkesmeeker, also ein Scherzmacher, der Späße und Scherze macht. Um sich von einem Vorgaukler nicht täuschen zu lassen, sollte man die Redewendung „Mak merr geng Wippker vür!“ kennen.

341. Was ist für Remscheider ein „Donnerkiel“?

Während eines Gewitters glaubte man, dass Donnerkeile zur Erde geschleudert würden, die bis zu sieben Meilen tief in die Erde eindrangen. „Donnerkiel“ ist in Remscheid auch ein besonders bekannter Fluch. Einen echt „bergeschen Jong“ nannte man gerne auch „bergeschen Donnerkiel“.

342. Was meint das Wort „Döüwel“?

Der Begriff „Döüwel“ meint den Teufel, abgeleitet vom lateinischen „diabolus“. Zahlreiche Redewendungen entwickelten sich um den Begriff, wie „Holl mech derr Döüwel“. Als Döüwel wird auch ein richtig übler Mensch bezeichnet. Und ein besonders gerissener Mensch ist der Döüwelsbroden, der Satansbraten.

343. Was bedeutet Muttenhauen?

Muttenhüöden meint „die Mutte hüten“. Das Muttenhauen ist ein sehr altes Kinderspiel, bei dem mit einem verdickten Holzknüppel (Muttekusen) versucht wird, Klötzchen aus Kork (Mutten) in Kuhlen oder einen Kreis hinein zu treiben.

344. Was kann man mit einer Flitsche machen?

Eine Holzgabel mit zwei Gummizügen wurde als Schleuder genutzt um „Steine flitschen“ zu lassen. Besonders Jungen hatten Freude an den Flitschen, mit denen sie auf alles Mögliche schießen konnten.

345. Wofür steht die Zahlenkombination 5 6 3 0 ?

Seit 1941 gibt es in Deutschland Postleitzahlen, mit zunächst zweistelligen Leitzahlen für den Paketdienst. Im Jahr 1962 führten BRD und DDR eigenständige Postleitzahlsysteme ein. Remscheid bekam die Postleitzahl 5630, an die sich noch viele Remscheider erinnern und die man heute als „Retroprodukt“ auf ein T-Shirt oder einen Einkaufsbeutel gedruckt kaufen kann.

Nach der Wiedervereinigung führte die Deutsche Bundespost ein einheitliches fünfstelliges Zahlensystem für ganz Deutschland ein. Am 1. Juli 1993 wurde in Remscheid auf die Zahlen beginnend mit 428.. für sechs geografische Zustellgebiete umgestellt.

346. Welche zwei Bedeutungen hat das Wort Li’ed?

Wenn jemand besonders schlecht singt, kann das beim Zuhörer schon mal einiges an Leid verursachen. Im Bergischen meint deshalb praktischerweise das „Li'ed“ sowohl Leid als auch Lied. In dem einen Fall eher den Seelenschmerz und eine bestimmte Betrübtheit, im anderen Fall das gesungene Lied.

347. Was feiert man an Fasselowend?

Zwischen dem 11. November und Aschermittwoch herrscht im Rhein-Ruhr-Gebiet Ausnahmezustand, so auch im Bergischen Land. So richtig bunt wird es an den „tollen Tagen“ von Altweiber bis zum Karnevalsdienstag.

An Altweiber stürmen die Narren das Remscheider Rathaus und die Weiber nehmen dem Oberbürgermeister den Schlüssel zum Rathaus weg. Darauf folgen zahlreiche Feten quer durch das Remscheider Stadtgebiet. Highlights der Karnevals-Hochsaison sind die Bühnenschau „Remsched knatsch verdötscht!“ des Männerchors Germania, der Altweiberball im Schützenhaus, der kleine „Zoch“ für Kinder am Honsberg, das Karnevalsfestzelt in Lennep und der große Rosenmontagszug in Lennep. Dieser startet jedes Jahr um 14.11 Uhr und zieht tausende Narren in die Lenneper Altstadt.

348. Schätzfrage: Wie viele Millionäre lebten 2007 in Remscheid?

Viele Remscheider denken gerne an die „gute alte Zeit“ zurück. Oft wird erzählt, dass hier zeitweilig die meisten Millionäre Nordrhein-Westfalens lebten. Viele große Firmen waren und sind ansässig und sorgten für Wohlstand, meist jedoch nur für die Firmenbesitzer selbst. Im Jahr 2007 lebten 36 Millionäre, also

3,2 je 10.000 Einwohner, in Remscheid. Damit lag Remscheid auf dem Ranglistenplatz 88 in Nordrhein-Westfalen.

349. Was begünstigte die Frühindustrialisierung?

Durch den Wasserreichtum der Bergischen Landschaft wurde die Entstehung der Frühindustrialisierung begünstigt. An den Bächen und Nebenflüssen der Wupper entstanden bereits früh Mühlen und Schmieden, die für den Beginn der Werkzeugindustrie in Remscheid stehen. Auch die Museen, wie das Deutsche Werkzeugmuseum oder Deutsche Röntgen-Museum, zeugen und berichten von der Industrie und dem Ideenreichtum der Remscheider. An einigen ehrenamtlich geführten Hämmern und Schmieden kann man noch heute das historische Handwerk bestaunen.

350. Wohin führte viele Remscheider ihre Klassenfahrt?

Vier Jahrzehnte Kindheitserinnerungen an Schulausflüge und Klassenfahrten hängen an dem Schullandheim in Bernau im Schwarzwald. Das Haus ging 1967 aus der Stiftung von Caroline und Richard Heinrich Edelhoff hervor. Viele Remscheider Schulklassen besuchten in den vergangenen Jahren das Heim im Schwarzwald. Im Jahr 2009 wurde es aufgrund von Sparmaßen der Stadt Remscheid zur Enttäuschung des Schullandheimvereins geschlossen. Etwa ein Drittel aller Gäste bis dato waren aus Remscheid gekommen.

351. Was ist ein Loßhüsken?

Loßhüsken werden kleine Gartenhäuschen genannt. Die Bezeichnung meint entweder lose Häuschen oder auch „Lusthäuschen". Dort traf man sich oft im Privaten zum Kartenspiel.

352. Was ist ein Ulk?

Auch in Remscheid wird viel gespaßt und „geulkt". Besonders gerne nehmen die Remscheider sich selbst und auch ihre Stadt auf die Schippe: „Sagen Sie mal, regnet es eigentlich immer in Remscheid?" – „Woröm dat dann? Nee, em Wengkter schni'et es hie en Remsched!"

353. Wo findet man die bergische Dreieinigkeit?

Was begrifflich für viele nach einer uralten Karnevalstradition klingen mag, bezeichnet den typischen Aufbau der Prinzipalwand in der lutherischen Kirche im Bergischen Land. Die bergische Dreieinigkeit meint den Aufbau von Altar, Kanzel und Orgel auf gleicher Ebene und spiegelt somit deren Bedeutung und Gleichwertigkeit von Sakrament, Wort und Kirchenmusik in der lutherischen Kirche wider. Der Grundriss dieser Kirchenbauart entspricht dem „goldenen Schnitt", sodass der Prediger von allen Seiten gut zu hören und zu sehen ist. Als schmückendes Raumelement beherrscht der Prinzipalaufbau den Raum und wird auch „bergischer Kanzelaltar" genannt.

Mannometer, das nenne ich mal „Versagen auf ganzer Linie“. Ich bin ganz ehrlich, das weiß doch kein Mensch, oder? Während ich meistens nicht die Lösungen, sondern die Fragen auf meinen Zettel geschrieben habe, waren meine Gegner wesentlich fleißiger. Ich tippe mal, Rathaus-Nachtwächter Walter wird hier das Rennen machen. Aber noch gebe ich mich nicht geschlagen. In der zweiten Runde geht es wohl um Essen. Da habe ich definitiv bessere Chancen.

Essen und Trinken

354. Was zeichnet die Remscheider Esskultur aus?

Remscheid liegt in der regenreichsten Region Deutschlands. Das Wetter beeinflusst seit jeher die Ernten. Häufig überlebten nur robuste Ackerpflanzen wie Roggen, Hafer, Kartoffeln und Kohl. Aus diesen Lebensmitteln zauberten die Hausfrauen eine besonders kalorienreiche Kost, sodass die schwer arbeitenden Männer satt wurden. Da es Fleisch meist nur an Feiertagen gab, wurden zentnerweise Kartoffeln gekocht. Diese gab es zu jeder Mahlzeit. Sogar als Bauernfrühstück, bei dem die Kartoffeln vom Vortag in der Pfanne gebraten wurden. Am Waschtag gab es üblicherweise Rübstieleintopf, da die Frauen nebenher nicht viel Zeit zum Kochen hatten. Aus diesen Umständen ergaben sich zahlreiche klassische Gerichte, die man heute noch als „Remscheider Küche“ bezeichnet.

355. Was sagt der Remscheider, wenn er Hunger hat?

Wen Sie einen Remscheider sagen hören: „Ech hann Schmait äs enn Bären“, dann können Sie davon ausgehen, dass er richtig Hunger hat.

356. Was gibt der Remscheider in die Suppe, wenn unangekündigte Gäste kommen?

Ein altes bergisches Sprichwort besagt: „Fünf waren geladen, zehn sind gekommen. Tue Wasser in die Suppe und heiß alle willkommen". Um Sie für den Fall der Fälle vorzubereiten, finden Sie hier fünf deftige, bergische Suppen und Eintöpfe:

1. Bergische Kartoffelsuppe mit Kartoffeln, Speck und Zwiebeln
2. Schnibbelbohnensuppe mit grünen Bohnen, Möhren, Kartoffeln und Mettenden
3. Biersuppe mit Bier, Zimt, Milch und Kartoffelmehl
4. Linsensuppe mit Linsen, Möhren, Poree und Bockwurst
5. Wirsingeintopf mit Wirsing oder Weißkohl, Hackfleisch und Kartoffeln

357. Was ist ein Pillekouken?

Die bergische Küche besteht aus vielen Kartoffelgerichten. Eins davon sind die Pillekouken (Pillekuchen). Kartoffeln werden in dünne Streifen geschnitten, in einer Pfanne geschichtet, gewürzt und mit Speck und Zwiebeln gegart. Dann wird ein Teig aus Mehl, Eiern und Milch darüber gegeben und gebacken.

358. Was ist Kappes?

Die Remscheider bauten bis 1900 in ihren Gärten vor allem Kappes an. Traditionell wurde der Kappes, heute als Kohl bekannt, in

Einmachtonnen gegeben und barfuß zertreten. Zur Gärung wurden die Tonnen im Keller gelagert, sodass Sauerkraut entstand. Wenn einem Remscheider etwas völlig egal war, sagte er übrigens gerne mal „Et es merr Kappes“.

359. Was ist eine Dröppelminna?

Mittelpunkt der Bergischen Kaffeetafel ist eine bauchige Kranenkanne aus Zinn mit einem oder mehreren kleinen Hähnen an der Seite, wo Kaffee in die Tasse „dröppelt“. Der Name Dröppelminna leitet sich von dem Namen „Mina“, abgekürzt für Wilhelmine, als Name der Hausdienerin ab. Sowie die Eigenschaft des „dröppelns“, denn der kleine Hahn war häufig undicht und tropfte. Aufgebrüht wird der Kaffee übrigens nicht in der Dröppelminna. Um den Kaffee warm zu halten, wird häufig ein Stövchen untergestellt.

360. Schätzfrage: Wie lang war Remscheids längste Kottenbutter?

Die Kottenbotter ist ein kräftiges Schwarzbrot belegt mit Mettwurst, Zwiebeln und Senf. Die Brote wurden früher von Kottenschleifern mit zur Arbeit genommen, woher auch der Name stammt. 2008 wurde zum Lüttringhauser Rathaus-Jubiläum die vermutlich längste Kottenbutter der Welt geschmiert: Sie war 42 Meter lang.

361. Was ist ein Eäpel?

Wer im Bergischen Land von „Eädappel“ oder kurz „Eäpel“ spricht, meint im Allgemeinen den Erdapfel, eine Kartoffel. Diese wurde in vielen Variationen serviert: Affgeschodde Eäpel sind Salzkartoffeln, der Pällmann ist die Pellkartoffel und gebroden sind die Bratkartoffeln.

362. Was meint Muckefuck?

Über das Bergische Land hinaus ist vielen Menschen der „Muckefuck“ als Kaffeeersatz bekannt. Im Remscheider Platt hat Muckefuck jedoch mehrere Bedeutungen: Stockdreck (Nährboden für Blumen), Studentenfutter, ein kleiner Streich oder wildes Durcheinander reden.

363. Was ist ein Iserkouken?

Die Bergischen Waffeln nannte man früher Iserkouken, also Eisenkuchen. Dies geht darauf zurück, dass die Waffeln mit dem „Wofeliser“ (Waffeleisen) über dem Feuer gebacken wurden.

364. Was ist ein „Koffeedrenken met allem Dröm on Dran“?

Die Kaffeetafel ist die sogenannte vierte Mahlzeit im Bergischen Land und lässt sich auf die Anfänge des 20. Jahrhunderts zurückführen. Bereits seit dem 18. Jahrhundert gab es Tafeln mit Kaffee. Die einfache Bevölkerung begnügte sich jedoch vornehmlich mit „Muckefuck", einem Heißgetränk aus Gersten- oder Roggenmalz, als Kaffeeersatz. Zu besonderen Anlässen wie Hochzeiten oder Taufen gab es meist Hafermehlwaffeln und Gebäck. Seit dem Ende des 19. Jahrhunderts kamen viele Ausflügler mit der Eisenbahn in das Bergische Land. Gastwirte boten den Gästen eine ausgiebige Kaffeemahlzeit an, der Begriff „Kaffee nach bergischer Art" tauchte aber erst 1929 zum ersten Mal auf.

In vielen Gaststätten und Restaurants wird bis heute die traditionelle Bergische Kaffeetafel angeboten. Hierzu werden zum Kaffee aus der Dröppelminna klassisch Rosinenstuten und Schwarzbrot mit Honig, Rübenkraut, Quark und Käse sowie frischgebackene Waffeln mit Milchreis, heißen Kirschen und Schlagsahne serviert. Dazu gibt es Burger Brezeln oder süßen Bergischen Zwieback. Abschließend wird ein Doppelkorn oder Aufgesetzter gereicht, den man dann auch gut gebrauchen kann.

365. Was ist ein Weckmann?

Traditionell backen die Remscheider Bäcker zum Tag des Heiligen St. Martin unzählige „Weckmänn". Ein aus Hefeteig gebackener Mann mit Tonpfeife. In einem alten Nikolaus-Lied wird gesungen: „Ei, was steht dort in der Eck? Ein ganz großer Mann von Weck." In ganz Deutschland gibt es verschiedenste Bezeichnungen für das Gebäck. In Nordrhein-Westfalen leitet sich der Name von dem Gebäck „Wecken" ab, einem Teig aus Hefe, Mehl, Salz und Wasser. Ursprünglich sollte die Backfigur einen Bischof mit tönernem Bischofsstab darstellen.

366. Was haben kleine Fische und junge unreife Mädchen in Remscheid gemeinsam?

Heute wird Backfisch paniert und frittiert noch gerne auf Kirmessen und anderen Festen verspeist. Im Bergischen hat der Backfesch noch mehrere Bedeutungen: kleine Fische, die ein Fischer nicht verkaufen konnte, warf er wieder über „back" zurück ins Wasser. Speziell im Bergischen werden junge, unreife Mädchen als Backfesch bezeichnet.

367. Was bestellt man im Restaurant, wenn man nur eine kleine Portion haben will?

Wer nur eine Kleinigkeit essen möchte, bestellt sich in Remscheid „sonnen Krömmel". Also nur eine kleine Portion, einen „Krümel". Ein Krömmel kann aber auch ein kleiner Mensch sein, den böse Zungen auch einen „Krömmelskopp" nennen.

368. Was ist ein Reimel?

Im Bergischen ist ein „Reimel" ein brauner, dicker Knüppel. Im Jahr 2015 haben dies die Gründer der ErlebBar zum Anlass genommen und einen essbaren Reimel entwickelt, der deutschlandweit als Marke geschützt ist. Die Mischung aus Pfannkuchen und Wrap kann herzhaft belegt, mit Käse überbacken und mit Salat belegt genossen werden. Besonders in der Mittagszeit ist er zu einem beliebten Snack geworden. Zusammengerollt sieht die Teigrolle aus wie ein Knüppel – der Bergische Reimel eben.

369. Was ist ein Riefkouken?

Eine beliebte Speise im Bergischen Land sind die Riefkouken, also Reibekuchen oder Kartoffelpuffer. Geriebene rohe Kartoffeln werden mit etwas Mehl und Salz verrührt und knusprig in der Pfanne gebraten.

370. Was versteht man unter der Bäckertaufe?

Das Bergische Land bietet eine reichhaltige Auswahl an Brotsorten, weit mehr als 200 verschiedene Sorten aus der Region sind bekannt. Um möglichst hohe Umsätze zu erzielen, streckte so mancher Bäcker seinen Teig zu früheren Zeiten auch mal mit Sägemehl. Wenn der Betrug eines Bäckers auffiel, erhielt er die sogenannte „Bäckertaufe". Der Bäcker wurde zur Strafe in einen eisernen Käfig gesperrt und unter Wasser gelassen.

371. Was ist ein traditionell bergisches Gebäck?

Seit mehr als 200 Jahren stammt eine beliebte bergische Spezialität aus Solingen-Burg und hat es schnell über die Stadtgrenzen nach Remscheid geschafft. Die Burger Brezeln werden aus süßem Teig hergestellt.

Einer Überlieferung nach stammt das Rezept von einem französischen Soldaten, der von der Bäckerfamilie Hösterey gesund gepflegt wurde und ihnen zum Dank das Geheimrezept überlies. Die Bäckersfamilie konnte das Rezept der Brezelknoten lange geheim halten, doch mit der Zeit wurde es von weiteren Bäckern kopiert. In kleiner Form wird es als Kaffeegebäck gereicht – in groß können Wanderer ihn sich umhängen. Eine Brezelnzoppe ist eine Suppe für Kinder mit warmer Milch und aufgeweichten Brezeln. Die Burger Brezel ist seit jeher Bestandteil der Bergischen Kaffeetafel und ein beliebtes Mitbringsel. Brezelliebhaber werden „Brezelnschnuten" genannt.

Das lief doch schon deutlich besser. Viele Begriffe konnte ich mir aus dem Niederländischen ableiten, insofern war der Schüleraustausch damals nicht ganz umsonst. Der Moderator sammelt die Zettel ein und diskutiert gleich mit mehreren Personen. Seine Hand wirkt leicht zittrig, und angespannt wirkend kommt er zurück an sein Mikrofon. Er verkündet, dass es zum ersten Mal in der langen Geschichte dieses Rätselabends einen Punktegleichstand gibt. Deswegen habe man sich entschlossen, zwischen den beiden Führenden ein Finale mit der ultimativen Remscheid-Prüfung zu veranstalten.

Wie erwartet ist Walter der erste, der ausgerufen wird. Seine Frau applaudiert freudestrahlend, als er die Bühne betritt. Und während ich so an meinem Pils nippe, die versammelte Gemeinde analysiere und versuche mit meiner Menschenkenntnis herauszufinden, wer Walters Gegner sein könnte, höre ich ein Wort, das mich aus meinen Gedanken reißt. Es ist mein Name: „Rolf! Komm hoch zu uns auf die Bühne!", knarzt es aus den Lautsprechern.

Verdutzt stehe ich auf, und bevor ich meine Gedanken sammeln kann, beginnt auch schon meine große Remscheid-Prüfung.

Die Remscheid-Prüfung

372. Die Remscheid-Prüfung – Plattwörter

Verbinden Sie das hochdeutsche Wort mit dem passenden Wöät (Wort):

Puff-Puff	Ohr
Himphamp	Rundlicher Junge
Baselömpken	Hunger
Luster	Unterjacke
Moll	Unordnung
Schmait	Eisenbahn

373. Die Remscheid-Prüfung – Bergische Küche

Die Bergische Küche der hart arbeitenden Remscheider ist vielfältig und deftig. Um eine Speisekarte lesen zu können, benötigen Sie allerdings einige hilfreiche Vokabeln. Ordnen Sie die kulinarischen Begriffe ihrer hochdeutschen Übersetzung zu:

Plüschappel	Kaffee
Kappes	Waffel
Muckefuck	Krümel
Krömmel	Pfirsich
Iserkouken	Kohl
Riefkouken	Reibekuchen

374. Die Remscheid-Prüfung – Gastronomie

Wie gut kennen Sie sich in Remscheids Gastronomie-Landschaft aus? Finden Sie im folgenden Text alle elf Restaurant-, Kneipen- und Diskothekennamen heraus?

Sowieso wollte Mamma Rita ihre Gäste heute mit kleinen Sahnetörtchen begrüßen. Dies waren nun wirklich die besten, die von hier bis zur Pyramide von Dallas zu finden waren. Bei Pino war sie sich allerdings nicht sicher, ob ihm die Süßspeise zusagte. Das war der Grund, weshalb sie erneut ihre Rezeptsammlung von A bis Z durchsuchte. Plötzlich ereilte sie ein merkwürdiges Déjà-vu, als die Musical Box den Schlager aus den 70ern abspielte: Die Vergangenheit wurde für sie Erleb-Bar.

375. Die Remscheid-Prüfung – Schimpfwörter

Verbinden Sie jeweils das hochdeutsche Schimpfwort mit dem passenden Schängwöät (Schimpfwort):

Bälzebub	Dummkopf
Phrasenbaat	Grobian
Ferkespriester	Gauner
Bommel	Schwätzer
Prummelkeste	Nörgler
Stockfesch	Taugenichts

376. Die Remscheid-Prüfung – Hämmer & Bäche

Die Geschichten der Hämmer und Kotten haben Sie bereits kennengelernt – welcher Bach trieb noch gleich welches Werk an?

Clemenshammer	Eschbach
Altenhammer	Morsbach
Steffenshammer	Diepmannsbach
Sirachskotten	Gelpebach

Das hat Spaß gemacht! Ich habe schnell gemerkt, dass ich gegen Walter hier und heute wohl keine Chance habe. Fast schon erleichtert gratuliere ich ihm zu seinem höchstverdienten Sieg. Der ganze Saal klatscht, erhebt sich und plötzlich erklingt die …

377. Hymne des Bergischen Landes

Zum ersten Mal wurde das Bergische Heimatlied am 30. Oktober 1892 vorgetragen. Der Text stammt von Rudolf Hartkopf, die Melodie komponierte Caspar Josef Brambach. Die Idee zu dem Lied entstand durch einen Besuch des Oberpräsidenten der preußischen Rheinprovinz Dr. Nasse und des Düsseldorfer Regierungspräsidenten von der Recke 1854, bei dem der Solinger Sängerbund gebeten wurde, ein Lied über das Bergische Land vorzutragen. Solch ein Werk gab es jedoch bis dato nicht. So verfasste Rudolf Hartkopf, „Hausdichter" des Solinger Sängerbundes, das Heimatlied als Hymne des Bergischen Landes. Stolz wurde das Lied beim erneuten Besuch von Dr. Nasse präsentiert. Wo auch immer Sie sich gerade befinden, stehen Sie gerne kurz auf und stimmen die erste Strophe voller Inbrunst an:

Wo die Wälder noch rauschen, die Nachtigall singt,
die Berge hoch ragen, der Amboss erklingt.
Wo die Quelle noch rinnet aus moosigem Stein,
die Bächlein noch murmeln im blumigen Hain.
Wo im Schatten der Eiche die Wiege mir stand,
da ist meine Heimat, mein Bergisches Land.

Finale

Der Tag der Abrechnung ist gekommen. Meine Küchenwand sieht mittlerweile wie die Zelle eines Schwerverbrechers im Hochsicherheitstrakt aus, und ich bin trotz Schlafverzichts nicht weiter vorangekommen. Immer wieder zähle ich die Striche. 375, 376, 377 … Ein verdammtes Ding fehlt mir. Und das, obwohl ich wirklich nichts unversucht gelassen habe. Am Brodtberg habe ich ein Feuer gelegt, um mehr über die Remscheider Feuerwehr herauszufinden. Vor der Polizeiwache habe ich versucht einer älteren Dame möglichst auffällig die Handtasche zu klauen, um eine Nacht im Remscheider Gefängnis zu verbringen. Ich habe sogar versucht mir mit einer Zwiebel den Ellenbogen zu zertrümmern, nur um mir einen OP-Saal des Klinikums genauer anschauen zu können. Es hat alles nichts gebracht.

Mit einem bedrückenden Gefühl und tief gesenktem Kopf gehe ich in die ErlebBar, um meine Ergebnisse zu präsentieren. Ich habe Angst vor den Reaktionen. Wartet der Henker schon mit seiner Axt, wie in meinen Träumen? Die ganze Kneipe wird mich auslachen.

Ich setze mich zum jungen Wirt an die Theke und erwarte seine Fragen. Er wird mich jetzt vor der gesamten Mannschaft blamieren. Gleich ist es soweit. Dann hat es sich mit meiner journalistischen Karriere. Die ganze Arbeit umsonst. Der Wirt stellt mir ein frischgezapftes Bier vor die Nase und beginnt nun wohl seinen Vernichtungszug über mein Leben.

„Und? Was denkst du, Rolf? Ist Remscheid eine liebenswerte

Stadt?", fragt er. Ich bin verwirrt. Will er denn gar nicht wissen, ob ich die Wette gewonnen habe? Zögert er die Schmach nur weiter hinaus? Ich weiß nicht recht, was ich antworten soll, finde aber schnell ehrliche Worte.

„Tja, mich hat der erste Eindruck wohl getäuscht. Remscheid hat mehr zu bieten, als man auf den ersten Blick meint. Eine spannende Geschichte, viele tolle Erfindungen wurden hier gemacht, Menschen aus verschiedensten Erdteilen leben hier friedlich zusammen und in kürzester Zeit steht man mitten im Grünen. Die vielen bunten Löwen in der Stadt gefallen mir auch gut und wenn man will, kann man hier viel erleben. Naja, und ich glaube, ich habe hier meine Traumfrau gesehen."

Der Wirt grinst. „Siehst du Rolf, genau das wollte ich dir zeigen. Manchmal täuscht der erste Eindruck!"

Nachwort

Sehr verehrte Leser, liebe Remscheider,
nun halten Sie es in Ihren Händen. Sie merken also, so schlecht können meine Recherchen nicht gewesen sein. Auch wenn ich am letzten Punkt gescheitert bin, der Wirt hat sich entschieden, das Buch zu veröffentlichen. Gemeinsam haben wir beschlossen, dass Sie, werte Leser, den dreihundertachtundsiebzigsten Grund für sich selbst finden dürfen. Gerne können Sie diesen hier eintragen:

378.

Auch wenn ich mich nun weiter nach einem Job umschauen muss, die Mission von Rolf Steinberger ist in Remscheid noch lange nicht beendet. Von dem Wirt der ErlebBar habe ich Tipps bekommen, wo ich auf Lena treffen könnte, und ich werde ab sofort nichts unversucht lassen, ein Teil ihres Löwenrudels zu werden.

Ich habe viele bergische Sturköppe kennengelernt und vermute, dass es denen jetzt ordentlich unter den Nägeln brennt. „Das war doch ganz anders, das weiß ich noch! Das stimmt doch gar nicht, was da steht!" Ihnen sei gesagt, dass meine Recherchen teilweise auf Überlieferungen basieren sowie aus Gesprächen mit erfahrenen Stadtführern entstanden sind. Sehen Sie mir bitte nach, dass ich mich um Ihre Anfragen aus Zeitgründen nicht persönlich kümmern kann.

Gerne können Sie aber alle Fragen und kritischen Anmerkungen direkt per E-Mail an info@378meter.de senden.

Das Lob wird an mich weitergeleitet und für alles Weitere hat der Wirt bestimmt ein offenes Ohr.

Herzlichst Ihr Remscheder Jong
Rolf Steinberger (RS)

Danke!

Die Veröffentlichung dieses Buches ist nicht nur dem heldenhaften Einsatz von Rolf Steinberger zu verdanken. Ein großer Dank gilt meinem gesamten Team der Agentur 378meter, das mit viel Freude und großem Engagement die Verwirklichung möglich gemacht hat. Hierüber freue ich mich sehr, da es ein lang gehegter Wunsch war, alles, was Remscheid für uns ausmacht, in einem Werk zu sammeln und zu veröffentlichen.

Ein besonderer Dank gebührt Julia Jäger, Melanie Clemens, Kerstin Hartmann, Britta Dohle, dem „Wirt“ der ErlebBar Simon Riesebeck, der mich immer mit bestem Remscheider Kaffee versorgt, Sascha Thamm, Daniel Juhr sowie den vielen lieben Menschen, die mich seit jeher unterstützen und verbessern.

Wenn Ihnen genauso viel an Remscheid liegt wie uns, dann entdecken Sie unsere Heimat gerne bei einer unserer Erlebnisführungen, besuchen uns in der ErlebBar in der Hindenburgstraße oder tragen unsere Botschaft mit bergischen Souvenirs und Heimatprodukten raus in die Welt!

Christoph Imber
Geschäftsführer von 378meter

Auflösung der Rätsel

372. Puff-Puff	–	Eisenbahn
Himphamp	–	Unordnung
Baselömpken	–	Unterjacke
Luster	–	Ohr
Moll	–	Rundlicher Junge
Schmait	–	Hunger
373. Plüschappel	–	Pfirsich
Kappes	–	Kohl
Muckefuck	–	Kaffee
Krömmel	–	Krümel
Iserkouken	–	Waffel
Riefkouken	–	Reibekuchen
375. Bälzebub	–	Taugenichts
Phrasenbaat	–	Schwätzer
Ferkespriester	–	Gauner
Bommel	–	Grobian
Prummelkeste	–	Nörgler
Stockfesch	–	Dummkopf
376. Clemenshammer	–	Morsbach
Altenhammer	–	Eschbach
Steffenshammer	–	Gelpebach
Sirachskotten	–	Diepmannsbach

Lesetipps

Gerne möchten wir Ihnen Tipps geben, um tiefer in die faszinierende Geschichte des Bergischen Landes einzutauchen. Diese haben uns bei unseren Recherchen rund um die Anekdoten unserer Stadtführer das ein oder andere Mal geholfen.

Erlebnisführungen und bergische Souvenirs
www.378meter.de

Treffpunkt mit Remscheid-Flair in der Hindenburgstraße
www.erlebbar-remscheid.de

Bergische Literatur und herausragende Bildbände
www.juhrverlag.de

Die Pflichtlektüre für Remscheider Platt
Bergischer Sprachschatz. Volkskundliches
plattdeutsches Remscheider Wörterbuch.
Gustav Hermann Halbach, 1951

Umfassende Sammlung zu Remscheids Industriehistorie
Hämmer- und Kottenforschung in Remscheid (mehrere Bände)
Günther Schmidt, 1. Band 1991

Spannende Einblicke in das heutige Remscheid
Remscheid entdecken, Holger Klaes & Jörg Holtschneider, 2015

Für Lennep-Fans
Liebenswertes Lennep: Die Perle des Bergischen Landes
Helmut Harhaus, 2011

Ein kommunalpolitisches Forum mit zahlreichen Nachrichten und Geschichten
www.waterboelles.de

Eine große Sammlung von Geschichten rund um das alte Lennep
www.lennep.eu

Informationen rund um die Stadt Remscheid
www.remscheid.de

Immer einen Klick wert sind die Onlineportale der lokalen Tageszeitungen
www.rga.de sowie www.bergische-morgenpost.de

Wandern, radeln oder walken mit dem Sauerländischen Gebirgsverein Abt. Remscheid
www.sgv-remscheid.de

Der Bergische Geschichtsverein Abt. Remscheid erforscht und bewahrt die Geschichte des Bergischen Landes
www.bgv-remscheid.de

Tourismus-Marketing im Bergischen Land mit zahlreichen Touren & Tipps
www.die-bergischen-drei.de

Dinge – Verzeichnis zum Nachschlagen